Inhalt

Editorial – Sibylle Sterzik / 5

Zur Einführung

Bischof Christian Stäblein 6
Rabbiner Andreas Nachama 7
Erzbischof Heiner Koch 8
Rabbiner Jehoschua Ahrens 9

Kapitel

Teil 1	**Im Anfang war das Wort: B'reschit beziehungsweise Im Anfang** Gottes Worte sind Lebensmittel	10
Teil 2	**Wir trinken auf das Leben: Purim beziehungsweise Karneval** Das Böse vertreiben	16
Teil 3	**Frei von Sklaverei und Tod: Pessach beziehungsweise Ostern** Erinnern und Aufstehen	22
Teil 4	**Freude am Erwachsenwerden: Bar-Mizwa beziehungsweise Firmung/Konfirmation** Vom Lernen und Erwachsenwerden	28
Teil 5	**Spirit bewegt: Schawuot beziehungsweise Pfingsten** Tanz mit der Tora	34
Teil 6	**Auszeit vom Alltag: Schabbat beziehungsweise Sonntag** Insel der Ruhe	40
Teil 7	**Verbunden im Gedenken: Tischa B´av beziehungsweise Israelsonntag** Trauer und Neuanfang	46
Teil 8	**Versöhnung feiern: Jom Kippur beziehungsweise Buße und Abendmahl** Umkehr und Versöhnung	52
Teil 9	**All die guten Gaben: Sukkot beziehungsweise Erntedank** Dank unterm Palmendach	58
Teil 10	**Erinnern für die Zukunft: Sachor beziehungsweise 9. November** Erinnern und neu lernen	64
Teil 11	**Wundervoll: Chanukka beziehungsweise Weihnachten** Mehr als ein Glitzermeer	70
Teil 12 / 13	**Ritual für das Leben: Brit Milah beziehungsweise Taufe verbunden mit Namensgebung und Namenstag** – Identitätsmarker für alle	76
Teil 14	**Umkehren zum Leben beziehungsweise Antisemitismus ist Sünde** Auf Augenhöhe begegnen	82

Danksagung der Herausgeber 88
Adressen 90
Online-Angebote 92
Autorinnen und Autoren 94
Bundesweite Steuerungsgruppe der Kampagne 95
Impressum 98

**#beziehungsweise:
jüdisch und christlich –
näher als du denkst**

ie ökumenische Kampagne

Liebe Leserinnen, lieber Leser,

studieren wir Tora und Bibel, feiern wir Gottesdienst, verbinden wir uns mit Gottes Weisheit. Das festigen und feiern wir in unseren religiösen Festen mit Ritualen, Gebeten, Liedern und Lesungen. Prägender Ereignisse in unseren Glaubensgeschichten gedenken wir im Jahreslauf. Wie, davon erzählen Rabbinerinnen und Rabbiner, Pfarrerinnen und Pfarrer praxisnah und lebendig in den jüdisch-christlichen Dialogen in dieser Broschüre.

Die hier abgedruckten und zur Nachahmung empfohlenen Gespräche erschienen 2021 als Teil der lehrreichen Reihe „Frag den Rabbi oder die Pfarrerin" in der Evangelischen Wochenzeitung „die Kirche" aus dem Berliner Wichern-Verlag. Sie verstehen sich als Beitrag zur Kampagne der EKBO *#beziehungsweise: jüdisch und christlich – näher als du denkst*. Diese lenkt mit 14 Monatsplakaten zu Festen und Gedenktagen im Jahr den Blick auf Gemeinsames und Unterschiedliches im Glauben und Gedenken.

Das Gespräch zwischen Christinnen und Christen und Jüdinnen und Juden öffnet uns dafür, aufeinander zuzugehen und einander besser zu verstehen. Die Achtung füreinander wächst und die Freude darüber, wie nahe wir uns im Glauben sind, beginnt zu blühen. Davon getragen wird auch das, was uns unterscheidet – und doch Geschwister sein lässt.

So beginnen oder vertiefen wir unsere eigene Weg- und Lerngemeinschaft – im Gespräch mit unseren jüdischen Geschwistern: Die „mündliche Tora", der Talmud, ist nach jüdisch-rabbinischer Tradition der Schlüssel zum Verständnis der Tora, der biblischen Bücher und der jüdischen Feste. Eine Einführung in den Talmud zu lesen und hier – auch mit jüdischen Gesprächspartner:innen zusammen – eigene Entdeckungen zu machen, empfehlen wir sehr. Die von uns formulierten Fragen und die Bibelstellen verstehen wir als eine erste Annäherung und eine Einladung, eigene Ergänzungen vorzunehmen.

Lassen Sie sich gern anregen, auf jüdisch-christliche Entdeckungsreise zu gehen: in Gemeinde, Schule oder Erwachsenenbildung. Dabei wollen Sie auch die einführenden Gedanken der Bischöfe und Rabbiner leiten.
Eine anregende Lektüre wünschen

Sibylle Sterzik und Dr. Andreas Goetze

Ein Reichtum an Beziehungen

Im ersten Grundartikel der Grundordnung der Evangelischen Kirche Berlin-Brandenburg-schlesische Oberlausitz wird als Selbstverpflichtung und Auftrag dieser Kirche festgehalten: „Sie erkennt und erinnert daran, dass Gottes Verheißung für sein Volk Israel gültig bleibt: Gottes Gaben und Berufung können ihn nicht gereuen. Sie weiß sich zur Anteilnahme am Weg des jüdischen Volkes verpflichtet. Deshalb misst sie in Leben und Lehre dem Verhältnis zum jüdischen Volk besondere Bedeutung zu und erinnert an die Mitschuld der Kirche an der Ausgrenzung und Vernichtung jüdischen Lebens. Sie bleibt im Hören auf Gottes Weisung und in der Hoffnung auf die Vollendung der Gottesherrschaft mit dem jüdischen Volk verbunden."

Die Kampagne *#beziehungsweise: jüdisch und christlich – näher als du denkst* folgt genau diesem Auftrag. Eine Initiative im Landeskirchlichen Arbeitskreis Christen und Juden (LAK) der EKBO hatte die Idee. Danke dafür! Die Initiative hat weite Kreise gezogen. Sie wurde gebraucht. Als erstes hatte sie unsere christlichen Gemeinden im Blick. Es ist ein großer Schatz an Wissen zusammengetragen worden.

So danke ich herzlich allen Gelehrten, allen Vor- und Nachdenkenden für die Darlegung der Hintergründe der religiösen Feste im Jahres- wie im Lebenskreis. Sie schärfen Blick und Sinn für die Verbindung unserer Religionen. Die Schätze der eigenen wie der anderen Religion werden sichtbar. Es ist ein Reichtum an Beziehung in allem. Davon zu wissen und es neu zu vergegenwärtigen schafft Nähe. Und zugleich eine große Freude über die Schönheit des jüdischen und christlichen Glaubens.

Angesichts eines sich in Deutschland weiter ausbreitenden Antisemitismus tragen wir als christliche Gemeinschaft in besonderer Weise Verantwortung, unsere bleibende Verbindung mit Gottes auserwähltem Volk auszusprechen, sie laut, sichtbar und spürbar werden zu lassen. Dazu trägt die Kampagne auf unkonventionelle Weise bei. Es ist gut, dass alle Beiträge nun zum Nachlesen versammelt sind. Und als Ausstellung zur Verfügung stehen. Möge es zum Segen sein und zum Segen werden!

Bischof Dr. Christian Stäblein, Berlin

Geschwister begegnen sich

Die Nähe des jüdischen und christlichen Festkalenders, wie sie durch die Plakatkampagne *#beziehungsweise* sichtbar gemacht wird, zeigt: Rabbinisches Judentum und entstehendes Christentum hatten zunächst das gleiche Herkommen, nämlich die israelitische Opferreligion mit dem Tempel in Jerusalem als Mittelpunkt. Beide mussten, nachdem der Tempel durch die Römer zerstört worden war, substituieren. Aus den Wallfahrtsfesten im Tempel wurden für die einen aus den biblischen Vorschriften von den Rabbinern entwickelte Feiern in Synagoge und jüdischem Haus, für die anderen Erinnerungstage an die Taten des Jesus von Nazareth.

Über zwei Jahrtausende führte das, wie Martin Buber es einmal formuliert hat, zu keinen konstruktiven Begegnungen, sondern „Vergegnungen". Nicht genug damit: Es war konkurrierende Feindschaft, ja zuweilen mörderischer Antijudaismus und später Antisemitismus der Kirche(n). Dass Judenmission heute kein Thema in den zur EKD gehörenden evangelischen Kirchen und in der Katholische Kirche mehr ist, ist Ergebnis eines erst nach der Schoa begonnenen Annährungsprozesses – etabliert in den Gesellschaften für christlich-jüdische Zusammenarbeit, aber zum Beispiel auch in paritätisch besetzten Arbeitskreisen beim Zentralkomitee der Deutschen Katholiken, ebenso wie die der Vorbereitung von Evangelischen Kirchentagen.

Jetzt haben viele Landeskirchen Beauftragte für jüdisches Leben und gegen Antisemitismus eingerichtet. Aus den geschwisterlichen Begegnungen ist eine Plakatserie entstanden, die als *#beziehungsweise* christliche und jüdische Gemeinsamkeiten zu Feiertagen oder biblisch geprägtem Leben thematisieren. Und aus den Plakaten und zu den Themen entstanden Podcasts und Interviews, Gespräche und Gedanken, die sich zum Teil in dieser Publikation dokumentieren.

Die Mitglieder der Allgemeinen Rabbinerkonferenz wie auch unserer Orthodoxen Rabbinerkonferenz waren daran genauso beteiligt wie säkulare Jüdinnen und Juden. Wir freuen uns, mit unseren christlichen Geschwistern so beziehungsreich im Gespräch zu sein.

Rabbiner Prof. Dr. Andreas Nachama, Berlin

Gehen wir weiter

Gern hat sich das Erzbistum der ökumenischen Kampagne *#beziehungsweise: jüdisch und christlich – näher als du denkst* angeschlossen, die von der EKBO im Rahmen des im letzten Jahr begangenen Festjahres „1700 Jahre jüdisches Leben in Deutschland" initiiert worden ist.

Die Kampagne bietet für uns katholische Christ:innen die Gelegenheit, dem im Konzilsdokument „Nostra Aetate" vom 28.10.1965 formulierten Bekenntnis nachzukommen, niemals die Wurzeln des christlichen Glaubens im Judentum zu vergessen. Denn, so der verstorbene Papst Johannes Paul II. in seiner Ansprache an die jüdische Gemeinde in der Synagoge von Rom 1986, die „jüdische Religion ist für uns nicht etwas ‚Äußerliches', sondern gehört in gewisser Weise zum ‚Inneren' unserer Religion. Zu ihr haben wir somit Beziehungen wie zu keiner anderen Religion."

Leider stellen wir fest, dass die Kenntnis über das Judentum bei Christ:innen noch immer erschreckend gering ist. Zudem können oftmals bis heute die Kirchen der Versuchung nicht widerstehen, den christlichen Glauben in Abgrenzung zum Judentum zu profilieren.

Vor diesem Hintergrund hat die Kampagne im vergangenen Jahr einen wichtigen Beitrag geleistet, indem sie den Blick auf die aktuell gelebte jüdische Praxis in ihrer vielfältigen Ausprägung lenkte. Dabei betonte sie einerseits die Nähe der beiden Religionen und machte andererseits deutlich, dass es auch um die Würdigung der Differenz gehen sollte. So gilt es, nicht nur Gemeinsamkeiten, sondern auch Unterschiede zu benennen, denn nur so kann ein Dialog auf Augenhöhe geführt werden. Zugleich sind wir Christ:innen aufgefordert, „Bezugnahmen auf das Judentum in christlichen Kontexten ... kritisch zu hinterfragen, Vereinnahmungstendenzen zu erkennen und zu vermeiden".

Dankbar wurde die Kampagne von den katholischen Gemeinden und Schulen aufgenommen, die ihnen eine gute Hilfestellung bietet, über die verschiedenen Themen aus jüdischer und christlicher Perspektive ins Gespräch zu kommen.

Der Grundstein ist also gelegt! Gehen wir weiter und lassen wir in unseren Bemühungen nicht nach, sich positiv mit dem jüdischen Glauben und der Vielfalt jüdischen Lebens in Deutschland auseinanderzusetzen, um Fehlinterpretationen zu vermeiden, Vorurteile abzubauen und Antisemitismus zu verhindern.

Erzbischof Dr. Heiner Koch, Berlin

Die Bedeutung der Feste im Judentum

Des Juden Katechismus ist sein Kalender

So formulierte es sehr treffend 1854 der Frankfurter Rabbiner Samson Raphael Hirsch, einer der bedeutendsten deutschen Rabbiner überhaupt und Begründer des modern-orthodoxen Judentums. Der Rhythmus der Zeit, die Unterscheidung in profane und heilige Zeit, und Schabbat und die Feiertage drücken wie wenig anderes das aus, was die Essenz des Judentums ist. Gerade die Feste transportieren jüdische Werte und jüdische Theologie, kommunizieren wofür das Judentum steht.

Es ist nicht der Ort, der im Zentrum des jüdischen Glaubens steht, sondern die Zeit, denn sie bleibt ewig frisch und ewig neu. Alles andere kann vergehen, die Zeit niemals. Die Zeit hat Gott daher „zu den Herolden seiner Wahrheiten" gemacht, wie es Hirsch beschreibt. Die Zeit ist allgegenwärtig wie Gott selbst und vermag uns immer zu Gott zu führen. Im Feiertag vereinigt die Zeit alle Menschen im Dienst an Gott, egal wer und egal wo.

Dabei hat der jüdische Kalender ein zweifaches Jahr: das Jahr der Schöpfung, das im Herbst mit den Hohen Feiertagen beginnt und die Jahre der Welt zählt, und das Jahr des Feiertagskalenders, das im Frühling kurz vor Pessach beginnt und den Rhythmus der jüdischen Feste vorgibt. Dieser jüdische Festkalender erzählt von der Befreiung des jüdischen Volkes aus der Knechtschaft bis zur Erlösung der Menschheit.

Rabbiner Dr. Jehoschua Ahrens, Darmstadt

Im Anfang war das Wort
B'reschit beziehungsweise Im Anfang

Im Anfang war das Wort. Jeden Sonntag wird aus der Bibel gelesen. Jeden Schabbat auch. Im Judentum und im Christentum gibt es verschiedene Traditionen der Auslegung. Sie erstaunen, sind manchmal widersprüchlich und ergeben einen Vielklang. Ein gemeinsamer Schatz!

Teil 1

Gottes Worte sind Lebensmittel

Rabbiner Andreas Nachama im Gespräch mit Pröpstin Christina-Maria Bammel über zweifaches Hören, beerdigte Torarollen, Worthäppchen als Brotboxen und einen gemeinsamen Schatz.

„Eines hat Gott geredet, ein Zweifaches habe ich gehört" (Psalm 62,12). Würden Sie dem zustimmen?
BAMMEL: Ja, Gott spricht einfach, zweifach, dreifach und es gibt viele Wege des Verstehens, viele Facetten.
NACHAMA: Gott hat einmal gesprochen und jede Generation und man selbst versteht es immer wieder neu und anders. Deshalb gibt es ja auch den jüdischen, christlichen, muslimischen Weg des Verstehens.

Können Sie die jüdischen Auslegungstraditionen kurz erklären?
NACHAMA: Die älteste ist der Midrasch, eine Art assoziative Predigt über einzelne Worte oder Satzteile. Im Talmud sind es eher thematische Auslegungen, in denen mittelalterliche Rabbinen miteinander diskutieren. Sie haben sehr systematisch versucht, die Bibel zu erklären und dabei die Widersprüche in der Schrift zu begradigen.

Wie heilig ist uns jeweils die Schrift in der Praxis?
NACHAMA: Wie der Mensch würdevoll beerdigt werden muss, werden auch die Torarollen beerdigt. Hier in Berlin passiert das alle 10 bis 12 Jahre auf dem Friedhof.
BAMMEL: Mir hat mal eine Dame eine kleine Bibel geschenkt, die mit auf der Flucht war. Das Heilige ist dort mit in eine Schmerzgeschichte gegangen. Die Heiligkeit der Schrift sollte uns lieb und teuer sein – mitten im Alltag.

Geht Glaube auch ohne Bibel und Schrift?
BAMMEL: Das kann ich mir nicht vorstellen. Die Schrift ist ja eine Niederlegung dessen, was und wer sich offenbart hat, mündlich oder schriftlich geschehen. Diejenigen, die hören und lesen, sind immer selbst Teil des Auslegungszirkels. Damit sind sie im Erfahrungsraum von Zeugen vor uns, die Erfahrungen mit Gott gemacht haben. Die Worte sind Lebensmittel unseres Glaubens.
NACHAMA: Das sehe ich auch so.

Wie kommen die Worte der Schrift in den Gottesdiensten jeweils vor?
NACHAMA: Wir haben die Wochenabschnitte der Tora, im Schaltjahr variiert das, aber man kommt immer am Ende oder am Anfang an, so wird die Tora in einem Jahr komplett durchgelesen. Schriftlesen heißt für uns, es laut vorzulesen. Wenn ich Predigten vorbereite, lese ich mir den Text laut vor. Mit jeder neuen weltlichen Umgebung erlebe ich auch die Schrift neu.
BAMMEL: Das ist genau die Chance, die uns die Schrift gibt: dass wir immer wieder neu den kleinen Auszug und Einzug ins Verstehensland der Schrift erleben können. Gut sind deshalb die Reihen, in denen sich die Lesungen alle sechs Jahre wiederholen. Fast jedes Wort im Gottesdienst, von der Eröffnung bis zum Segen, ist Raum gewordene Schrift. Dort kann man sich bergen, halten, tragen lassen und sich orientieren. Aber manche fremden Worte sind heute schlicht unverständlich.

NACHAMA: Einige Passagen kann man nur vermittelt verstehen in historischem oder übertragenem Sinne. Man muss immer versuchen, die Bedeutung in der Gegenwart festzumachen oder einfach sagen: Das sehen wir heute anders.
BAMMEL: Es gibt unterschiedliche Arten von Fremdheit. Texte sind im Laufe der Lebensgeschichte mal ferner mal näher. „Gott tröstet wie eine Mutter", erreicht mich vielleicht in dunkelsten Zeiten nicht so wie zu anderen Zeiten. Es gibt eine Fremdheit, die durch den historischen Abstand entsteht. Schließlich bleibt das Geheimnisvolle und unsere Deutung nur Versuch.

Wie aber hören diejenigen, die heute nichts anfangen können mit den alten Texten?
NACHAMA: Wenn jemand kein Ohr dafür hat, bleibt es schwer, mit den Texten heute umzugehen. Aber das ist über die Jahrhunderte gleich geblieben, es gäbe keine Kommentare zur Bibel, wenn Menschen sie immer aufgeschlagen und gleich verstanden hätten. Es braucht Kreativität.

Haben Sie ein Beispiel dafür?
NACHAMA: Nehmen wir: „Im Anfang war das Wort und Gott sprach es werde Licht und es ward Licht." Ein paar Verse weiter kommen Sonne, Mond, Sterne, die erschaffen werden. Es geht also beim Licht nicht um Tageslicht, sondern um die Erleuchtung, im Sinne der Aufklärung.

Welchen Text lernt ein jüdisches Kind zuerst?
NACHAMA: Kinder hören sicherlich von Mutter oder Vater an der Bettkante das „Sch'ma Israel" – das „Höre, Israel" als Nacht- oder Morgengebet. Traditionell beginnt die jüdische Vorschule mit dem Talmud-Traktat „Baba Mezia". Da geht es um „mein" und „dein", um Diebstahl und solche Dinge. Um das Leben.

Wie haben Sie Ihren Kindern christliche Texte nahegebracht?
BAMMEL: Mit der Gebetssprache. Und die schönste Weise zu beten, ist betend zu singen. Aber auch das Vaterunser ist wichtig und ebenso, selbst eine eigene Sprache zu finden.
NACHAMA: Bei uns ist schwierig, dass zumindest in der orthodoxen Tradition kein Raum für eigene Formulierungen da ist. Die Gebetssprache Hebräisch bleibt abstrakt. Mit meinen Kindern habe ich zweisprachig gebetet, um ihnen den Raum zu geben für eigene Varianten.

Wie begleiten uns die Bibelworte sonst noch?
BAMMEL: Wenn es gut geht, wachsen die Kinder etwa mit der Weihnachtsgeschichte auf, singen und spielen sie nach, so kann ihnen das Wort zu einer Geschichte werden, die sich mit ihrer eigenen Lebensgeschichte verbindet. Aber es gibt auch eine gewisse Spannung. Ich denke da an die Tauf- und Konfirmationssprüche, dem Kontext entkleidet. Wie etwa Jesaja 43,1 „Fürchte dich nicht", einer kleinen Person zur Taufe zugesagt. Da wird das geistige Lebensbrot in Brotboxenformat geschnitten.

Gibt es bei Ihnen auch „Worte-Häppchen" zu bestimmten Festen?
NACHAMA: Jeder, der eingesegnet wird, der Bar-Mizwa oder Bat-Mizwa hat, sucht sich selbst einen Prophetentext aus, den er laut liest und ein wenig erklärt. Solche Verse begleiten einen dann manchmal ein Leben lang.

Die Kirche hat einst behauptet, die alleinige Deutungshoheit über die Schrift zu haben. Ist das heute überwunden?
NACHAMA: Bei uns war manchmal sonntags Propst Grüber zu Gast und fragte mich nach dem aktuellen Toraabschnitt und er setzte seine christliche Auffassung dagegen. Unsere Wände in der Wohnung sind dennoch zu meiner Überraschung stehen geblieben.

BAMMEL: Ich bin so froh, dass Sie die Geschichte erzählen! Das zweifache Hören ist in einer guten Weise möglich.

2021 feiern wir 500 Jahre reformatorische lutherische Bibelübersetzung. Wofür könnte das ein guter Anlass sein?
BAMMEL: Wir müssen klar machen, dass auch Übersetzungsgeschichten Zeugnis geben von fatalen Irrtümern und Zeitgeist. Etwa die antisemitischen Ressentiments in Luthers Übersetzungen. Sie waren ein Baustein eines abgründigen Denkens und Verhaltens – mit barbarischen Folgen. Das zu begreifen, gehört selbstverständlich in die theologische Ausbildung!

Wie sehen Sie darauf?
NACHAMA: Manche neutestamentliche Texte sind hartes Brot. Beide waren nach der Tempelzerstörung Erben der alten Opferreligion und mussten etwas ersetzen. Die einen haben den Kiddusch und die Synagoge daraus gemacht, die anderen das Abendmahl und die Kirche. Eine Konkurrenz im besten und schwierigsten Sinne. Luthers Übersetzung war ein Aufbruch, bei allen antisemitischen Ausfällen, die er auch hatte. Auf den katholischen Indexlisten waren ja unendlich viele Bücher, die vorher nicht gelesen werden durften. Jede neue Übersetzung schafft ein neues Dialogfeld.
BAMMEL: Ja, das detaillierte Arbeiten an jedem Buchstaben, am Satzbau und Klang macht die Hebräische Sprache so besonders. Das ist etwas, was wir erst neu erringen und „erlieben" konnten in der jüngeren christlichen Theologie.

Simchat Tora – das jüdische Fest der Gesetzesfreude feiert die Worte. Wie können wir solche Freude erzeugen?
BAMMEL: Wir können kein solches wunderschönes Fest erfinden, aber vielleicht könnten wir auf Menschen schauen, die aus dem existenziellen Leben dieser Worte heraus in Dichtung gegangen sind, wie eine Art Glaubenstanz: Dorothee Sölle, Huub Oosterhuis, Gerhard Tersteegen, Paul Gerhardt. Sie alle machen das Leben zu einem Fest – mit den Worten, die mir zu lebenslangen Freunden werden können, auch wenn ich nicht alles an ihnen verstehe.

Haben wir also einen gemeinsamen Schatz mit der Schrift?
BAMMEL: Aber ja! So wie Partner und Freunde in aller Unterschiedenheit auf einen gemeinsamen Schatz zurückgreifen und ihn gemeinsam pflegen und daraus genährt werden.
NACHAMA: Die Traditionen stehen nebeneinander. Schaue ich auf meinen Schatz, die Hebräische Bibel, durch die Brille des Neuen Testaments, entdecke ich noch einmal mehr.

Dr. Christina-Maria Bammel ist Pröpstin der EKBO in Berlin.
Foto: Matthias Kauffmann/EKBO

Prof. Dr. Andreas Nachama ist Rabbiner in Berlin und Vorsitzender der Allgemeinen Rabbinerkonferenz Deutschlands. Foto: Bernd Schwabe, CC BY-SA 4.0/via Wikimedia

kurz und knapp

Eine jüdische Stimme

Simchat Tora, Fest der Torafreude

Im Judentum stellt die Tora den Kern von Gottes Offenbarung am Sinai dar. Der Text der Fünf Bücher Mose ist in 54 Abschnitte eingeteilt, so dass jede Woche etwa drei bis fünf Kapitel gelesen werden (an manchen Schabbatot auch ein Doppelabschnitt). Ihren Titel beziehen diese Wochenabschnitte von einem markanten Wort im Anfangsvers dieser Lesung, das auch dem jeweiligen Schabbat seinen Namen gibt. Einmal im Jahr wird die gesamte Tora durchgelesen und dabei kein Vers, kein Wort, kein Buchstabe beim Vortrag ausgelassen – so unbequem oder bedeutungslos uns auch manche Geschichte erscheinen mag. Das zwingt dazu, sich auch mit schwierigen Texten auseinanderzusetzen. Jedes Jahr im Herbst feiern Jüdinnen und Juden das Fest der Torafreude, Simchat Tora. Dann endet der jährliche Lesezyklus der Tora und beginnt sogleich wieder aufs Neue.

Ulrike Offenberg

Eine christliche Stimme

Gottes Wort im Menschenwort

Die Bibel enthält „Gottes Wort im Menschenwort". Jedes Menschenwort in der Bibel ist göttlich inspiriert bei seiner Entstehung und kann als Gottes Wort heute und für mich oder für uns wirken. In christlichen Gottesdiensten wird sehr selten eine Vollbibel verwendet. Die biblischen Textabschnitte, die vorgetragen werden, sind im mehrbändigen Lektionar abgedruckt. Manchmal können für die Lesung aus den Evangelien zusätzlich kostbare Evangeliare vorhanden sein. Diese Bücher können liturgisch verehrt werden, durch Prozessionen, Küssen, Weihrauch und Kerzen. In Deutschland gibt es die Besonderheit des Ökumenischen Bibelsonntags, der immer Ende Januar in großer ökumenischer Verbundenheit gefeiert wird. Bei der Auslegung des Bibeltextes ergänzen sich wissenschaftliche, liturgische, pastorale und individuelle Zugänge. Die Bibel inspiriert uns, denn „… in ihrem Innern (= der Bibel) hallt das Lachen des Menschen wider und fließen die Tränen, so wie sich das Gebet der Unglücklichen und der Jubel der Verliebten erhebt."

Katrin Brockmöller

→ Impulse für das Gespräch und Texte zum Vertiefen

Gibt es ein Bibelwort, das dir etwas bedeutet oder mit dem du eine Geschichte hast?
Welche Teile der Bibel hast du schon selbst gelesen? Wie ist es dir damit ergangen? Wo hast du Fragezeichen?

Biblischer Kontext: 5. Mose 4,1; 5. Mose 30, 11–14; Matthäus 5,17–19; Römer 8,4

→ Wusstest du schon ...

... dass die ältesten zusammenhängenden Schriftrollen in den Höhlen
von Qumram am Toten Meer 1947–1956 entdeckt wurden?

**Torarolle im Jüdischen
Museum in Prag.**
Foto: Sibylle Sterzik

**Altarbibel in der Osterkirche
in Berlin-Wedding.**
Foto: Thilo Haak

Wir trinken auf das Leben
Purim beziehungsweise Karneval

Purim feiert die Rettung des jüdischen Volkes vor der Vernichtung durch ein staatlich organisiertes Pogrom. Im Karneval werden herrschende Verhältnisse auf den Kopf gestellt, bis am Aschermittwoch die Fastenzeit beginnt. Auf das Leben – L'Chaim, Helau und Prost!

Teil 2

Das Böse vertreiben

Rabbinerin Natalia Verzhbovska und der katholische Monsignore Hansjörg Günther sprechen darüber, was ihnen die Feste Purim und Karneval bedeuten und wie sie diese feiern. Ein Gespräch über viel Lärm, Wein und die Erinnerung an eine große Freude.

Was bedeutet Karneval ursprünglich?
GÜNTHER: Den Begriff Karneval an sich gibt es erst seit dem 17. Jahrhundert. Heute wird Karneval oft synonym verwendet für Fastnacht oder Fasching, es gibt aber große regionale Unterschiede. Der Begriff Karneval könnte vom mittellateinischen „carne le vale" kommen, Fleischwegnahme. Oder von „carrus navalis", dem Schiffskarren, der bei feierlichen Umzügen mitgeführt wurde. Andere leiten ihn von „carne vale" her. Aber die Übersetzung „Fleisch lebe wohl" ist nicht belegbar. In jedem Fall ist es ein Frühlingsfest, das vor der Fastenzeit gefeiert wird. Da wird noch mal richtig auf den Putz gehauen und gegessen, um die Vorräte aufzubrauchen, bevor die fleischlose Zeit beginnt.

Karneval bedeutet nicht nur Spaß?
GÜNTHER: Es gibt verschiedene Facetten: den rheinischen Karneval, die Fastnacht im Alemannischen oder den Fasching, den ich aus Bayern kenne. Die eigentlichen Wurzeln des Karnevals liegen nicht nur im Spaß. Gesellschaftliche Prozesse werden reflektiert und auch ernste Themen angesprochen. Im vorigen Jahr zeigte ein Wagen einen großen Kopf, aus dem eine Pistole mit der Aufschrift „Rassismus" ragte, darunter die Worte „NSU, Lübke, Halle, Hanau". Purim scheint vom Wortsinn her ein ganz anderes Fest zu sein. Der Name Purim leitet sich von dem Wort „pur" (Plural Purim) ab, was so viel wie „Los" bedeutet. Aufgrund der Lose, die der persische Wesir Haman ziehen ließ, sollte der Vernichtungstag des jüdischen Volkes bestimmt werden.

VERZHBOVSKA: Beim Karneval geht es um den Abschied vom Essen, um die Vorbereitung auf das Fasten. Bei Purim ist es umgekehrt: Wir fasten vorher. Der Tag vor Purin heißt „Fasten Esther". Es erinnert daran, dass Esther und ihr Volk fasteten, während sie G'tt um Rettung vor Hamans Dekret anflehten. Purim selbst ein Fest der großen Freude über die Errettung des jüdischen Volkes von dem grausamen Plan des bösen Großwesir Haman. Der höchste Regierungsbeamte des persischen Königs Achaschwerosch plante im vierten Jahrhundert vor der christlichen Zeitrechnung, alle Jüd:innen im persischen Königreich zu töten. Die Königin Esther war Jüdin. Sie bewegte ihren Mann dazu, unterstützt durch ihren Onkel Mordechai, den Jüd:innen per Dekret das Recht auf Selbstverteidigung gegen Übergriffe zuzugestehen. Diese verteidigten sich erfolgreich und Hamans Plan scheiterte. Die Umkehr des Lebens wie beim Karneval steckt auch in Purim. „Pur", das „Los" hat mit Schicksal zu tun. Von der drohenden Vernichtung geht eine Spannung aus. Würde ein Wunder geschehen? Und dann die große Umkehr des Schicksals, die Freude über das Happyend. Gott errettet sein Volk, immer.

Hat Purim auch verschiedene Aspekte wie Karneval?
VERZHBOVSKA: Die Rabbinen sagen: Wenn wir uns verkleiden, sind wir nicht erkennbar. Auch Königin Esther verbarg zunächst ihre jüdische Herkunft vor ihrem Mann. Ein weiterer Aspekt: Niemals erscheint der Name G'ttes im Buch

Esther. Trotzdem ist G'tt immer da. Er versteckt sich hinter der theatralischen Kulisse der Geschichte. Zu Purim gehört auch das Gebot, Geschenke für Bedürftige zu spenden, damit diese auch Freude erleben. Früher verbargen die armen Menschen ihre Gesichter hinter Masken, als sie in den Häusern Spenden sammelten, um ihre Würde zu bewahren. Purim ist nicht nur Karneval, nicht nur Verkleidungsparty. Hinter dem Fest stehen auch religiöse Gebote.

Beide Feste finden im Frühling statt. Und sie haben gleiche Bräuche, wie Krach zu machen und ausgelassen sein unter dem Einfluss von Alkohol. Was hat es mit dem Krach bei Purim auf sich?
VERZHBOVSKA: Wird der Name Haman während der Lesung gelesen, lärmen die Menschen mit Ratschen, Rasseln und Buh-Rufen. Der Name des Bösen soll nicht gehört werden. Denn in der jüdischen Tradition bedeutet ein Name eine Existenz. Wenn wir alles tun, damit dieser Name im Lärm untergeht, zerstören wir nicht nur den bösen Haman, sondern die Existenz des Bösen.
GÜNTHER: Das zeigt mir, wie ähnlich die Wurzeln sind. Zwar lässt sich Purim im Kern nicht vergleichen mit Fastnacht, Fasching oder Karneval. Purim ist das große Erinnerungsfest der Errettung. So ein Fest der Erinnerung an die eigenen Wurzeln ist Karneval nicht. Aber die Vertreibung des Bösen und des Winters, die Sehnsucht, eine andere, ein anderer zu sein, sich zu verkleiden, auch bunt zu sein, gleichen sich. Und der Wunsch, dass das Leben nicht immer grau ist, sondern aus Trauer und Freude besteht.

Gehört Karneval gar nicht in die Kirche im Gegensatz zu Purim?
GÜNTHER: Wir feiern zunehmend auch Karnevals-Gottesdienste, wo Kinder verkleidet kommen, eine Büttenpredigt gehalten wird, eine Predigt in Reimform. Aber von den Wurzeln her ist es kein religiöses Fest. Während der Karneval die Straßen bevölkert, ist Purim hier nur in den Synagogen zu Hause.
VERZHBOVSKA: Ursprünglich gehörte das Fest Purim nicht zum jüdischen Kalender. Bis Mordechai, einer der Helden aus dem Buch Esther, allen Juden befahl, dieses Fest zu feiern. Es war nicht so einfach, es im jüdischen Kalender zu integrieren. Denn diese Geschichte erzählt das Schicksal von den Diasporajuden, die verfolgt, bedroht und vernichtet wurden. Nicht alle jüdischen Gemeinschaften begrüßten ein Fest, das den Tod eines bösen Premierministers feiert. Ich glaube deshalb wird Purim nur in den Synagogen gefeiert. Juden waren und sind bis heute immer vorsichtig.
Aber schließlich fand Purim doch einen festen Platz im jüdischen Kalender wegen seines Grundgedankens: dass wir immer, auch in den schwierigsten Zeiten nie die Hoffnung verlieren müssen, weil Gottes Errettung kommt. Und die Geschichte stellt auch die Frage, was es bedeutet, jüdisch zu sein wie Königin Esther. Obwohl sie Königin in einer Diaspora war, gehörte sie doch zu ihrem jüdischen Volk. Was bedeutete das für sie? Und was bedeutet das heute für mich? Wenn wir Purim feiern, beantworten wir die Frage nach der Zugehörigkeit zur jüdischen Gesellschaft, Kultur, Tradition. Und wenn wir betonen, dass Purim ein Fest der Kinder ist, meinen wir: Die Kinder sind die Hoffnung unseres Volkes.

Warum wird dem Alkohol so zugesprochen bei Karneval und bei Purim?
GÜNTHER: Ich glaube, das hat keine religiösen, sondern kulturelle Wurzeln, dass man so über die Stränge schlägt. Wein – da sind Judentum und Christentum sich auch sehr nahe – ist ein sehr edles Getränk. Ohne Wein ist eine Eucharistiefeier nicht denkbar.

Aber hat es nicht auch beim Karneval etwas damit zu tun, dass alle auf Augenhöhe sind und vielleicht geht das einfacher, wenn man vorher einiges getrunken hat?
GÜNTHER: Ganz sicher. Beim Karneval trafen sich auf der Straße alle Stände und tanzten. Und das Miteinander-Tanzen und Singen wird durch Alkohol natürlich leichter.

Wie sieht das bei Purim aus?
VERZHBOVSKA: Wie kommen Sie in eine freudige Stimmung, die zu Purim vorgeschrieben ist, wenn Sie eigentlich traurig sind? Durch schöne Kleidung, gutes Essen und Wein. Es gibt noch einen zweiten Grund: Einmal im Jahr trinken wir so viel Alkohol, wie es ein Gebot vorschreibt, dass wir nicht mehr zwischen dem frommen Mordechai und dem bösen Haman unterscheiden können. Dabei spielen klare Grenzen sonst eine große Rolle im Judentum. Aber einmal im Jahr existieren sie nicht mehr. Plötzlich sind wir nicht mehr klar. Purim sagt selbstkritisch: Auch dir kann es passieren, dass du gut und böse nicht unterscheiden kannst. Ich glaube, da sind wir wieder bei vielen Gleichheiten.
GÜNTHER: In den Karnevalsregionen wird viel Bier getrunken. Trotzdem trifft auch hier zu: „In vino veritas", „im Wein liegt Wahrheit". Alte Narrenfiguren halten einen Spiegel in der Hand. Endlich ist es möglich, einem anderen ungeschminkt die Wahrheit zu sagen, ihm den Spiegel vorzuhalten, egal ob Fürst oder Bauer. Alkohol erleichtert es, bei allen Gefahren, auch gesellschaftliche Konventionen und Hemmnisse hinter sich zulassen. Übrigens glaube ich, in der Corona-Zeit fehlt uns alles, was Karneval und Purim ausmacht: dass wir miteinander in Beziehung leben, Alltag in Gemeinschaft gestalten und freudig feiern.

Das Gespräch führte Esther Hirsch, Kantorin in der Berliner Synagoge Sukkat Schalom und theologische Referentin im House of One.

Natalia Verzhbovska ist Gemeinderabbinerin der liberalen Jüdischen Gemeinde in Bielefeld. Sie stammt aus Kiew in der Ukraine.
Foto: Tobias Barniske

Monsignore Dr. Hansjörg Günther ist Beauftragter für den jüdisch-christlichen Dialog im Erzbistum Berlin und Vorsitzender des Ökumenischen Rates Berlin-Brandenburg.
Foto: Erzbistum Berlin

kurz und knapp

Eine jüdische Stimme

Purim, Freude über die Rettung des jüdischen Volkes

Kleine und große Clowns, Ritter, Prinzessinnen, Monster, Hexen, Zebras, Hasen und andere fantasievoll gekleidete Gestalten haben sich in der Synagoge versammelt, machen Krach mit Hilfe von Rasseln, trampeln mit den Füßen, pfeifen und bringen „Buh"-Rufe aus. Und all das bei der Verlesung eines biblischen Buches? Purim ist das Lieblingsfest jüdischer Kinder, denn sie dürfen sich nach Herzenslust verkleiden und brauchen nicht still sitzen, weil der Lärm sogar Teil der Liturgie ist. Wann immer der Übeltäter Haman genannt wird, bricht ein enormer Krach aus, um dessen Namen auszulöschen.
Das Hören der Esther-Geschichte ist das wichtigste Gebot des Festes. Daneben ist es üblich, einander Süßigkeiten und selbst zubereitete Speisen zu schenken. Das typische Gebäck für Purim sind die „Haman-Taschen" oder „Haman-Ohren", dreieckige, mit Mohn, Datteln oder Marmelade gefüllte Kekse. Bedürftige Menschen werden mit Lebensmitteln oder mit Geld bedacht, damit auch sie sich Festmahlzeiten leisten können. Und warum heißt es „Esther-Rolle"? Weil der Text des Esther-Buchs aus einer auf Pergament handgeschriebenen Rolle (Megillah), ähnlich einer Tora-Rolle, vorgetragen wird.

Ulrike Offenberg

Eine christliche Stimme

Karneval – die Welt auf den Kopf stellen

Prächtige Prinzenwagen von Düsseldorf bis Mainz, spärlich bekleidete sambatanzende junge Frauen in Rio, vornehme Masken in Venedig, urtümliches Geistertreiben in Rottweil und Luzern – das sind Bilder, die beim Stichwort „Karneval" aufsteigen. Dass „Karneval" ursprünglich die Tage vor dem Beginn der vorösterlichen Fastenzeit im Christentum bezeichnet, ist heute wohl zunehmend weniger bewusst.
Traditionell verzichteten Christen und Christinnen in den vierzig Tagen vor Ostern auf den Verzehr von Fleisch und schränkten auch sonst ihr Leben ein. An Karneval sagte man „dem Fleisch Lebwohl" („carne vale").
Hier durfte aber auch die Welt auf den Kopf gestellt werden. Spott auf die Herrschenden, Tanz, fette Speisen und ausgiebiger Alkoholkonsum gehörten dazu. Bezeichnungen wie das rheinische „Fastelovend" („Fast-Abend") oder „Fastnacht" erinnern daran, dass Karneval eine Art Schwelle oder Übergang darstellt zwischen dem Leben im Alltag und der Zeit der Vorbereitung auf das Fest der Auferstehung Christi. Die „tollen Tage" bergen aber auch ein utopisches Moment: dass das Leben mit seinen oft harten Begrenzungen und Ungerechtigkeiten nicht alles ist ...

Marie-Theres Wacker

Wir trinken auf das Leben 21

 **Impulse für das Gespräch und Texte zum Vertiefen**

Verkleidest du dich gern? In wessen Rolle würdest du gern einmal schlüpfen?
Hat dich schon einmal jemand aus einer bedrohlichen Situation gerettet?
Hast du schon einmal versucht, jemandem in Schwierigkeiten zu helfen?

Biblischer Kontext: Buch Esther

 **Wusstest du schon …**

… dass zu Purim die siebente „Pflicht" darin besteht, keine Trauerreden und auf gar keinen Fall Fasten zuzulassen?

Haman-Taschen. Zu Purim gibt es Gebäck mit Mohn, Datteln oder Marmelade.
Foto: Foto-Xeno/CC0

Karneval und Fasching.
Foto: Anncapicture/CC0

Frei von Sklaverei und Tod
Pessach beziehungsweise Ostern

Jüdinnen und Juden feiern zu Pessach die Befreiung aus der Sklaverei in Ägypten, Christinnen und Christen zu Ostern die Auferstehung Jesu vom Tod. Gott befreit und erlöst. Auch heute. Halleluja!

Teil 3

Erinnern und Aufstehen

Ute Sauerbrey, Pfarrerin in Berlin-Lübars, und Daniel Krochmalnik, Professor für jüdische Religionsphilosophie an der Universität Potsdam, zum Thema „Frei von Sklaverei und Tod: Pessach beziehungsweise Ostern". Was haben diese Feste gemeinsam? Wo unterscheiden sie sich? Das erklären sie im Gespräch.

An welches Wunder erinnert das Pessachfest?

KROCHMALNIK: Das große Wunder der Befreiung: dass Sklaven aus der Sklaverei ausziehen und die Herren, die sie wieder einfangen wollen, untergehen. Und das ist selten, dass das Kräfteverhältnis anders als gewohnt ist. Mit der Umwandlung der Verhältnisse sind wir doch sofort im Ostergeschehen.

SAUERBREY: Und beim Advent und dem Lobgesang der Maria, die davon singt, dass Gott die Mächtigen vom Thron stößt und die Hungrigen satt macht, die Reichen leer ausgehen lässt. Die Verkehrung der Verhältnisse feiern wir auch zu Ostern, dass nach dem Tod das Leben kommt und dass die Gemeinschaft mit dem weitergeht, der durch Hass und Missgunst zu Tode gebracht wurde. Auch ein Wunder.

KROCHMALNIK: Das Magnificat ist ein Zitat des Gebets der Hanna und geht zurück auf Psalm 113 – auch da geht es um die Revolution der Verhältnisse. Die Psalmen 113 und 114 gehören zu einem Gebet, das wir ägyptisches Hallel nennen. Das wird am Abend beim Tischritual zu Pessach gebetet. Dass die mächtigen Unterdrücker nicht das letzte Wort haben und dass die Unterdrückten freikommen, diese große Hoffnung teilen Juden und Christen.

Wie ist diese ungeheuerliche Botschaft zu vermitteln?

SAUERBREY: Vom Tod zum Leben, das geht uns manchmal so leicht über die Lippen, aber vielleicht müsste man vielmehr weinen, stammeln und klagen, ehe man das so einfach sagen kann.

Helfen da die Bräuche, wie etwa das Tischritual zu Pessach?

KROCHMALNIK: Der Sederabend ist eine echte Mahlzeit mit mehreren Gängen in der Familie. Vor und nach der Mahlzeit wird eine Erzählung gelesen, die Haggada, wobei es nach dem Essen mehr ein Lobpreis ist. Es gibt auch eine symbolische Mahlzeit: Speisen, die auf der Sederschüssel liegen und mit Deuteworten verbunden werden, der Wein wird gesegnet im Kiddusch. Das ist mit dem Abendmahl vergleichbar. Das auch am Gründonnerstag im Zentrum steht.

SAUERBREY: Ja, wenigstens einmal im Jahr verdeutlichen wir beim Tischabendmahl, dass das Abendmahl Jesu ein echtes Essen gewesen ist und nicht ein Herumreichen von Waffelkeksen. Wir lesen dazu die Geschichte des Auszugs, aber auch die Passionserzählungen und halten danach das symbolische Mahl, die Eucharistie. Ich gestalte das bewusst nicht als Sederabend in der christlichen Gemeinde ohne Gegenwart von Jüdinnen und Juden. Wir sollten sensibel für kulturelle Aneignung sein und nichts „nachspielen".

Wie kritisch sehen Sie darauf?

KROCHMALNIK: Ich habe da keine Bauchschmerzen, im Gegenteil. Ich finde es gut, wenn Kinder und Erwachsene sich diese fremden Rituale spielerisch vergegenwärtigen und aneignen. Die Frage ist ja nicht, wie Juden den Seder feiern, sondern wie Jesus den Seder gefeiert hat, nämlich mit Lammbraten. Es geht darum zu verstehen, dass man hier zu seinen Wurzeln zurückkehrt.

Um welche Befreiung geht es heute?
KROCHMALNIK: Wir haben ein festes Ritual: Kinder stellen vier vorgeschriebene Fragen nach der Bedeutung von Pessach und bekommen vom Sederhalter Antworten. Man legt großen Wert darauf, dass Kinder stundenlang mit anwesend sind. Zwischendurch verstecken sie etwas, das der Papa suchen muss, man singt lustige Lieder. Als Kinder können sie damit nicht unbedingt etwas verbinden, es ist Tradition. Erst die Erfahrungen, die sie als Juden im Laufe des Lebens machen, geben dem Fest die aktuelle Bedeutung. Befreiung haben Juden nicht nur vor 3000 Jahren erlebt, es gab in den 1990ern auch einen Auszug aus der ehemaligen Sowjetunion nach Israel und Deutschland. Meine Generation, die nach dem Krieg in Deutschland geboren wurde, deren Eltern sind aus den Lagern und Ghettos gekommen. Die Jüdische Geschichte liefert viel Anschauungsmaterial um zu verstehen, was Exodus ist.

Können sich Christinnen und Christen von solchen familiären Traditionen etwas abgucken?
SAUERBREY: Es ist ja so, dass wir hierzulande unsere Feste im aufgeklärten 21. Jahrhundert so feiern, dass das Beten, Singen und Segnen zu Hause leider nicht mehr üblich ist, alles ist in die Kirchenräume wegdelegiert. Da haben wir nichts Geliebtes, Buntes, Vergleichbares.

Also gehen die Bewegung vom Tod hin zur Erlösung, nur wenige mit?
SAUERBREY: Genau, ich bin noch so groß geworden, dass der Karfreitag der höchste und wichtigste Tag für Christinnen und Christen sei. Aber ohne Ostern ist er doch die absolute Katastrophe, nur Schmerz, Tränen, Sackgasse. Ich bin froh, dass sich immer mehr Gottesdienstformate verbreiten wie das Tischabendmahl oder die Osternacht, wo eine Geschichte erzählt werden kann, wo Zeit ist, das schmeckbar, erlebbar und hörbar zu machen. In Lübars ist der Ostermorgengottesdienst zu Sonnenaufgang der beliebteste, wo Gottes lebendig machende Kraft ganz sinnlich im Dunkeln erlebbar wird.

Und ist das eine Chance für die sehr theoretische Botschaft der Auferstehung?
SAUERBREY: Ja, die Grabesruhe dauert drei Tage, sie will durchlebt und durchlitten sein. Hoffnung wächst einem zu, ist nichts, was man billig geschenkt bekommt.

Wie vermittelt sich die Befreiung ganz persönlich?
KROCHMALNIK: In der Haggada steht: In jeder Generation soll jeder sich so empfinden, als ob er selbst aus Ägypten herausgezogen wäre. Die Pessach-Haggada ist für Kinder sehr schön illustriert, Kinder verschiedener Charaktere stellen Fragen und in unserer Antwort heißt es immer: „Wir." Dort werden also immer schon didaktische Elemente durchgespielt und man soll sich identifizieren.
SAUERBREY: Ich bin davon überzeugt, wenn man es so erklären kann, dass Kinder ihr Herz öffnen, dann tun dies auch Erwachsene.

Kann das denn am ernsten Karfreitag gelingen oder ist er durch die Sünde zu aufgeladen?
SAUERBREY: Ich würde das nicht gelten lassen, die Frage nach der Freiheit vom Tod ist schon eine Kinderfrage. Zur Musik zur Sterbestunde kommen jedes Jahr mehr Menschen, weil da mehr gelauscht wird. Vielleicht können wir dem Unfassbaren von Karfreitag nur so begegnen.

Welche Rolle spielt die Reinigung vor Pessach?
KROCHMALNIK: Es ist ein Frühjahrsputz, damit beginnt man schon nach Purim etwa vier Wochen vorher. Nach der Halacha soll alles Gesäuerte aus dem Wohnraum entfernt werden, wir essen

an den 7–8 Tagen des Pessachfestes nur Ungesäuertes, Mazzen. Die Erstgeborenen fasten vorher einen Tag lang. So bekommt das Fest einen besonderen Status im Leben einer Familie.

Hat das auch mit innerlicher Reinigung zu tun, wie die christliche Passionszeit vor Ostern?
KROCHMALNIK: Es ist wirklich ein großes Aus- und Aufräumen und das kann man eher mechanisch erleben oder auch als inneren Prozess der Klärung, der Reinigung. Das bleibt offen.

Ist nicht der Glaube an die Erlösung durch Jesus Christus, trotz großer Nähe beider Feste, das, was uns bleibend trennt?
KROCHMALNIK: Ich will nicht verschweigen, dass die Nähe zu schweren Verfolgungen geführt hat. Die Osterzeit war immer eine Schreckenszeit für die Juden, bis heute gibt es besonders viele Grabschändungen in dieser Zeit. Aber dass man sich vorm christlichen Nachbarn fürchten muss, ist heute passé. Wenn wir sagen, jeder solle sich so betrachten, als sei er aus Ägypten gezogen, müssen wir darüber Rechenschaft ablegen, was Ägypten ist: eine Kultur des Todes. Dass Jesus dieses Zeremoniell auf sich bezieht, ist gut jüdisch, das ist seine eigene Befreiungserfahrung. Natürlich ist das anders als die Erfahrung der Kinder Israels damals und anders als unsere Erfahrungen. Jesus ist nicht der Messias, wie Juden ihn sich vorgestellt haben, er ist kein Moses, er hat die Juden nicht aus der römischen Gefangenschaft geführt, aber das war ja nicht sein Anspruch.

Wie ist es mit dem Glauben an die Auferstehung?
KROCHMALNIK: Den teilen wir mit den Christen. Es gibt nicht nur die messianische Hoffnung, sondern die individuelle Hoffnung der Befreiung vom Tod, den Protest gegen den Tod. Ein mutiger verwegener Akt beider Religionen!

SAUERBREY: Für mich ist es das Aufstehen gegen den Tod und dessen Helfershelfer, denen wir tagtäglich begegnen. Herzenskälte, Gleichgültigkeit. Hass. Das Aufstehen gegen all diese Mächte, das ist für mich Ostern. Ein trotziges Fest! Das kann Menschen zusammenbringen.

Das Gespräch führte Johanna Friese, Rundfunkpfarrerin der EKBO.

Ute Sauerbrey ist Pfarrerin in Berlin-Lübars. Sie hat ein Jahr an der Hebräischen Universität in Jerusalem studiert. Foto: privat

Prof. Dr. Daniel Krochmalnik ist Professor für Jüdische Religion und Philosophie an der School of Jewish Theology an der Universität Potsdam. Foto: privat

kurz und knapp

Eine jüdische Stimme

Kindern von Auszug und Befreiung erzählen

Pessach feiert den Auszug Israels aus der Sklaverei Ägyptens. In Erinnerung an diesen Befreiungsakt Gottes wird eine Woche lang ein Fest begangen, das bei religiösen wie bei säkularen Juden so tief verankert ist wie wohl kein anderer jüdischer Feiertag. Während der Pessachwoche werden alle Getreideprodukte aus dem Haushalt verbannt und an deren Stelle das „Ungesäuerte Brot", die Matzah, und aus Matzemehl hergestellte Teigwaren gegessen. Ein zentrales Gebot des Festes lautet, den Kindern von Auszug und Befreiung zu erzählen, um auch ihnen diese Identifikation mit der Geschichte Israels zu ermöglichen. So beginnt das einwöchige Pessachfest mit dem Sederabend: Familie und Freunde oder auch die Gemeindemitglieder versammeln sich zu einem Festmahl, das einer bestimmten Ordnung („Seder") folgt. Im Zentrum steht das gemeinsame Lesen der Haggada, der mit Kommentaren, Psalmen und Liedern angereicherten Erzählung vom Auszug aus Ägypten. Dazu werden symbolische Speisen verzehrt, die die Bitternis der Sklaverei verdeutlichen sollen. Dieses Ritual richtet sich an Kinder und Erwachsene gleichermaßen, denn jede:r ist aufgefordert, sich als Teil dieser Geschichte zu erleben und sie sich zu eigen zu machen.

Ulrike Offenberg

Eine christliche Stimme

Die letzten Tage Jesu

Die Beziehung zwischen Pessach und Ostern lädt zum Nachdenken über die Beziehung von Judentum und Christentum ein. Die beiden Feste finden ungefähr zur selben Zeit (wenn auch nicht am selben Tag) statt. Sie thematisieren Befreiung.
Dabei ist es interessant, wie wenig dem Judentum und Christentum gemeinsame Themen in den Gottesdiensten vorkommen. Die Kerntexte der Synagogenliturgie (2. Mose 12,21–51; Josua 3,5–7; 5,2–6,1.27) und der Haggada (Josua 24,2–4; 5. Mose 6,21; 26,5–8) spielen keine Rolle zu Ostern.
Darin zeigt sich, dass die Feiern der österlichen Tage einer anderen Erzählung folgen als das biblische und das spätere jüdische Pessach. Sie bilden die im Neuen Testament erzählte Geschichte vom Einzug in Jerusalem (Palmsonntag) zum letzten Abendmahl, zur Fußwaschung und dem Gebet am Ölberg (Gründonnerstag), zu Leiden, Tod und Begräbnis (Karfreitag) und schließlich zur Auferstehung Jesu (Karsamstag und Ostersonntag) ab. Die christliche Gemeinde erlebt die letzten Tage Jesu – nicht den Auszug des Volkes Israel aus Ägypten.

Clemens Leonhard

Frei von Sklaverei und Tod 27

→ Impulse für das Gespräch und Texte zum Vertiefen

Frei sein, was bedeutet das für dich? Hattest du schon einmal das Erlebnis, von etwas sehr Belastendem befreit zu sein? Wo gab es einen Neuanfang in deinem Leben?

Biblischer Kontext: 2. Mose 3,7–17; 2. Mose 15; Psalm 114; Matthäus 26,17; Markus 14,12.26; Markus 14–16
Eine Anregung – zusammen in der „Pessach-Haggada" lesen: Sie erzählt in ritualisierter Form die Geschichte von der Befreiung des Volkes Israel aus der Sklaverei und dem Auszug aus Ägypten.

→ Wusstest du schon ...

... dass das Lamm von der jüdischen Tradition am Sederabend in das Christentum als Osterlamm als Gebäck verändert wurde?

Matzen heißt das ungesäuerte Brot, das Juden seit Tausenden von Jahren während des Pessach essen.
Foto: René Neymann, CC BY-SA 3.0/via Wikimedia

Auferstehungs-Parament am Altar.
Foto: Sibylle Sterzik

Freude am Erwachsenwerden
Bar-Mizwa beziehungsweise Firmung/Konfirmation

Verantwortung übernehmen, erwachsen werden.
Traditionen neu mit Leben füllen, Glauben feiern:
In der Synagoge mit der Bar- und Bat-Mizwa, in der Kirche mit
der Firmung/Konfirmation. Für alle Generationen ein Fest!

Teil 4

Vom Lernen und Erwachsenwerden

Kantorin Esther Hirsch, Pfarrerin Claudia Wüstenhagen, Jugendpfarrerin in Berlin und Jesuit Fabian Retschke SJ, Mitarbeiter in der außerschulischen Jugendarbeit am Canisius-Kolleg in Berlin, sowie die Jugendlichen Millie Lehming und Oleg Berns im Gespräch über die Freude am Erwachsenwerden und die Bar-Mizwa, Firmung und Konfirmation. Was bedeuten ihnen die Feste und worin liegt Verbindendes und gibt es Unterschiede?

Worin liegt der Reiz des jeweiligen Festes?
HIRSCH: Meine Schüler würden sagen: das Geld. Ich dagegen freue mich darüber, dass sie regelmäßig kommen, zuhören und echtes Interesse haben und etwas vom Unterricht behalten. Es ist ein konzentrierter Wissensaufbau für ihr Leben als Jüdinnen und Juden.
BERNS: Es geht vor der Firmung darum, mehr über den Glauben zu lernen, mehr kritisch zu hinterfragen, sodass wir ihn am Ende als Person bejahen können und gestärkt sind.
WÜSTENHAGEN: Kurz gesagt: Du erlebst Gemeinschaft. Du wirst stark gemacht. Du bekommst Segen.
LEHMING: Für mich war die Selbstbestimmung und der eigene Weg zum Glauben auch in der Gruppe ganz wichtig.

Was wird bei den verschiedenen Anlässen jeweils bejaht?
HIRSCH: Ich würde die Bar-Mizwa nicht als Bejahung auffassen. Bei der Bat-Mizwa sind Mädchen 12, bei der Bar-Mizwa Jungen 13 Jahre alt. Man erwartet von ihnen, dass sie „Tochter oder Sohn der Gebote" sind und dass sie verantwortungsbewusst mit dem religiösen Leben umgehen können und für die eigenen Taten verantwortlich sind. Bar-Mizwa oder Bat-Mizwa wird traditionell am Sabbath nach dem 12. oder 13. Geburtstag gefeiert, deshalb hat jede und jeder einen anderen Toraabschnitt, auf den er sich vorbereitet. Und im Synagogengottesdienst wird fast nur gesungen.

Was beinhaltet das Lernprogramm für die Jugendlichen?
HIRSCH: Je nach Vorwissen ist der Unterricht individuell. Sie müssen Hebräisch lernen, Tora und Prophetenabschnitte singen können, das Jüdische Leben kennen, die Segenssprüche zu den Feiertagen und alles, was man in Familie und Synagoge braucht. Manche beginnen mit dem Unterricht schon mit 9 Jahren, andere später. Die Vorbereitung dauert etwa ein Jahr.

Was lernen Katholiken vor der Firmung und was bejahen sie damit?
BERNS: Wenn man mit den Eltern in die Kirche mitgeht und mitbetet, mitsingt, ist das zwar ein super Gemeinschaftsgefühl, aber erst im Firmkurs habe ich die Glaubensgrundsätze wirklich selbstständig bejaht. Ein wichtiger Schritt mit 15 oder 16 Jahren und auch eine eigene Bekräftigung der Erstkommunion.
RETSCHKE: Ich finde das eigene Ja der Jugendlichen sehr wichtig, möchte aber betonen: Gott bejaht seine Zusage zuallererst. Er sagt: Du bist mein geliebtes Kind und dir möchte ich meinen Geist geben und mit dir in Gemeinschaft sein. Im katholischen Firmritual gibt es eine Absage an

das Böse und ein Ja zum Glauben im Dialog mit dem Bischof oder dem, der firmt. Damit das keine leere Formel bleibt, braucht es einen gewissen Wissensschatz, um den dreieinigen Gott zu bekennen.

Wie ist das Verhältnis der Firmung zur Erstkommunion, ist eines wichtiger als das andere?
Retschke: Von den Getauften gehen etwa 80 Prozent zur Erstkommunion und davon noch einmal 60 Prozent zur Firmung oder weniger. Dennoch ist die Firmung ein großer Akt, weil sie in der Regel der Bischof spendet und die Verbundenheit mit der Weltkirche zum Ausdruck kommt. Und die Eucharistie ist die Teilnahme am eucharistischen Leib, also die volle Gemeinschaft mit Jesus Christus und dieses Sakrament wiederholt sich immer wieder.
Berns: Ich habe beides gemacht, Erstkommunion und Firmung, bei dem ersten war ich noch recht jung, später bin ich viel tiefer eingestiegen.

Und wie viel Bestätigung steckt in der Konfirmation?
Lehming: Da ich als Kleinkind getauft wurde, war es schon ein eigenes Ja-Sagen. Und das entwickelt sich, wenn man mehr und mehr selbst versteht. Etwa als wir uns die Bitten des Vaterunsers wirklich mal selbst erklärt haben.
Wüstenhagen: Und es bleibt ja nicht bei der einen Entscheidung. Wenn man sich einmal entschieden hat, in der Gemeinde zu leben – das ist natürlich nicht für alle gleichermaßen so – dann setzt sich ja Gemeinschaft fort. Ich habe immer wieder Gelegenheit, mit meinem Reden und mit meinem Handeln Ja zu sagen zu dem, was ich glaube.

Ist es ein Ritual zum Erwachsenwerden?
Lehming: Man ist zwar im echten Leben oder in der Schule noch nicht erwachsen, aber trotzdem war es für mich so ein Schritt, wenigstens gefühlt, in der Kirche. Und man wächst gemeinsam weiter.
Wüstenhagen: In unserer Gemeinde kommt das auch zum Ausdruck, wenn die Konfis ein ihnen wichtiges Thema vorbereiten und darüber mit Eltern und Kirchenältesten an einem Tisch sprechen. Ein ernstes Gespräch auf Augenhöhe. Mancher 14-Jährige weiß da mehr als die Gesprächspartner und erfährt dabei: Ich bin ein ernstzunehmender Glaubensgesprächspartner.
Hirsch: Das unterschreibe ich genauso. Auch eine Bar-Mizwa sieht nach außen wie eine Prüfung aus. Man ist ja vorher ungefragt jüdisch und gehört dazu. Aber ab diesem Alter wird man mitgezählt, gehört zum Minjan, darf Gebetsschal tragen, wird zur Tora gerufen und hat sich mit all dem vorher intensiv inhaltlich auseinandergesetzt.

Und in den Familiengeschichten ein wichtiges Datum ...
Hirsch: Ja sehr, aber es ist kein Bekenntnis, wie ich es jetzt hier gehört habe, sondern eher ein Dazugehören, auch kulturell. Es gibt auch keine Prüfung in dem Sinne. Aber wichtig: Bar-Mizwa oder Bat-Mizwa wird man nur einmal.

Und kann das überall sein?
Hirsch: Die Bar-Mizwa selbst ist der Eintritt in ein bestimmtes Alter, wenn ich das mit dem Aufruf zur Tora verbinden möchte, müssen mindestens zehn Juden dabei sein, also braucht es dann die Gemeinde.

Wie begleiten einen andere Menschen jeweils?
Berns: Man sucht sich einen Firmpaten, ich hatte meine Mutter dabei. Die Person soll Ansprechpartner sein in Glaubensfragen – ein Leben lang.
Retschke: Firmpaten sind nicht verpflichtend, aber angeraten. Wichtig ist, dass der Firmling selbst auswählt, wer Vorbild und Begleitung sein kann. Kirchenrechtlich sollen es allerdings eigentlich nicht die Eltern sein.

Was nimmt man noch mit nach den Festen?
LEHMING: Der Segen war ein besonderer privater Moment, zwischen Gott und mir.
WÜSTENHAGEN: Konfis gestalten unsere Konfirmationsgottesdienste aktiv mit, da wird viel erwartet von ihnen, und mit dem Segen geht es dann neu los mit dem Beistand in die Lebensreise.

Und die Patinnen und Paten werden damit verabschiedet?
WÜSTENHAGEN: Vorher gibt es eine große Abendmahlsfeier, zu der insbesondere die Paten mit eingeladen sind. Auch wenn sie offiziell dann keine Aufgabe mehr haben, bleiben sie an der Seite der Jugendlichen.

Gibt es in der jüdischen Praxis etwas Vergleichbares?
HIRSCH: Einen Paten als Glaubensbegleitung kennen wir nicht. Denn es ist immer die Familie, die einen begleitet. Die bringt man auch mit zur Bar-Mizwa. In manchen Synagogen halten die Eltern eine kleine Rede oder gestalten den Gottesdienst mit.

Wie geht es weiter nach den Festen, welcher Übergang findet statt?
LEHMING: Wenn man möchte, wird man ein Jahr lang „Exi" und beginnt selbst, Jüngere zu unterrichten und dann wird man Teamer. Das ist dann ein großes Gemeinschaftsgefühl, ich habe dort meine besten Freunde gefunden.
WÜSTENHAGEN: Natürlich entscheiden sich nicht alle für die Gemeinschaft. Aber die Konfirmation ist eine Eröffnung für alle, die Lust haben, sich weiter zu engagieren.
RETSCHKE: Die Firmung gibt die Rechte und Möglichkeiten, sich in der Gemeinde weiter einzubringen. Wir haben viele Möglichkeiten auch in der Jugendarbeit. Aber ich sehe das auch nicht nur als Verantwortung innerhalb einer Gemeinde vor Ort, sondern es ist Stärkung und die Geistbegabung, um in die Welt hinauszugehen und im weiteren Erwachsenwerden und Leben christliches Zeugnis zu geben.

Ist ein solcher Auftrag für die Welt auch mit der Bar-Mizwa verbunden?
HIRSCH: Nein nicht im Sinne eines Auftrags. Es ist bei uns vor allem Eigenverantwortung, weil ich die Gebote kenne und damit eine Grundlage für meine Entscheidungen habe. Auch für die Mitmenschen ist man verantwortlich, ja, aber das ist ja religionsübergreifend.

Das Gespräch führte Johanna Friese, Rundfunkpfarrerin der EKBO.

Esther Hirsch ist theologische Referentin im House of One und Kantorin in der Sukkat Schalom Gemeinde Berlin. Foto: privat

Claudia Wüstenhagen ist Pfarrerin in der evangelischen Kirchengemeinde am Hohenzollernplatz Berlin und Kreisjugendpfarrerin. Foto: privat

Fabian Retschke SJ ist Mitarbeiter in der außerschulischen Kinder- und Jugendarbeit am Canisius-Kolleg Berlin. Foto: privat

kurz und knapp

Eine jüdische Stimme

Freude am Erwachsenwerden

Im Judentum gelten Mädchen mit 12 und Jungen mit 13 Jahren als erwachsen, das heißt, in der Lage, Verantwortung für das eigene religiöse Leben und für die Erfüllung der Gebote vor Gott und den Menschen zu übernehmen. Von diesem Zeitpunkt an werden sie als „Bar-Mizwa" oder „Bat-Mizwa", als „Sohn/Tochter der Verpflichtung", betrachtet und sind selbst verantwortlich für das Halten der Gebote. Erst seit dem Mittelalter begehen Jungen den Beginn dieser neuen Lebensphase mit einer Zeremonie, zu der das Rezitieren der Tora im Gottesdienst, ein Lehrvortrag und das Anlegen der Tefillin (Gebetsriemen) gehören. Von nun an werden sie zum Minjan, also dem für bestimmte Gebete und Rituale notwendigen Quorum von zehn Männern, gerechnet. Für Mädchen bildeten sich erst im Verlauf des 20. Jahrhunderts verschiedene Formen heraus, um die Bat-Mizwa zu feiern. Die Vorbereitungen für die Bar- oder Bat-Mizwa ziehen sich bei Kindern je nach Vorwissen und Gemeindepraxis über ein bis drei Jahre hin. Im Gottesdienst legen sie zum ersten Mal ihren Tallit (Gebetsmantel) an und tragen den Wochenabschnitt der Tora ganz oder teilweise vor, meist in der traditionellen musikalischen Rezitationsweise. Dazu kommt noch die Haftara, die Prophetenlesung, in Hebräisch oder in der Landessprache. Danach folgt eine kurze Predigt, manchmal wird auch ein Teil des Gottesdienstes vorgebetet. Daran schließt der Kiddusch, ein festlicher Imbiss, in der Gemeinde an. Danach wird im privaten Rahmen mit Familie und Freundeskreis weitergefeiert.

Ulrike Offenberg

Eine christliche Stimme

Gottes Geist empfangen

Sowohl Judentum als auch Christentum kennen Rituale des Erwachsenwerdens und Zeichenhandlungen, welche die zivile und religiöse Mündigkeit zum Ausdruck bringen, aber auch die Einladung zum christlichen Zeugnis in der heutigen Welt und zur Mitarbeit in der Gemeinde. In der römisch-katholischen Kirche ist die Firmung das Sakrament der Mündigkeit. Der Bischof verleiht und feiert die Gabe des Geistes unter Gebet und Salbung bzw. Handauflegung. Die Firmanden empfangen Gottes Geist. Sie erwidern den Friedensgruß und sind bereit, sich selbst mit ihren Charismen in den Dienst der Menschen zu stellen. Die Firmpat:innen unterstützen sie dabei, was sie mit der Hand auf der Schulter der Jugendlichen signalisieren.

In der Evangelischen Kirche bekräftigen junge Menschen ihre Aufnahme in die christliche Gemeinde, die zuvor mit der Taufe, meist im Säuglingsalter, geschehen ist. In der Konfirmanden-Zeit lernen die jungen Menschen die Grundlagen des christlichen Glaubens kennen, üben sich in christlicher Spiritualität ein und engagieren sich im Gemeindekontext. Nach dem Fest der Konfirmation sind sie eingeladen, ihren Weg des Glaubens in der Gemeinschaft anderer Christinnen und Christen weiterzugehen und sich mit ihren Gaben und Fähigkeiten in der Gemeinde einzubringen.

Stephan Leimgruber

→ Impulse für das Gespräch und Texte zum Vertiefen

Was war der berührendste Moment bei deiner Bar- oder Bat-Mizwa, Firmung oder Konfirmation? Wer hat dich auf dem Weg dahin unterstützt? Welche Erlebnisse haben dich dabei geprägt? Hast du dich danach erwachsener gefühlt? In welchen Momenten ist dir dein Glaube wichtig?

Mischna-Traktat „Sprüche der Väter" (Pirke Awot) 5,21: „Mit 13 Jahren ist ein Junge allen Geboten (mizwot) verpflichtet."
Biblischer Kontext: Römer 8, 24–39; Hebräer 11,1

→ Wusstest du schon …

… dass Mädchen schon mit 12 Jahren die Bat-Mizwa feiern, Jungen mit 13 Jahren die Bar-Mizwa?

Während der Bar-Mizwa tragen Jungen unter anderem den Wochenabschnitt der Tora ganz oder teilweise vor.
Foto: Wolfgang Noack/epd

Die Konfirmation und der Segen sind ein wichtiger Schritt zum Erwachsenwerden für Christinnen und Christen.
Foto: Natalia Fichtner, iStock by Getty Images

Spirit bewegt
Schawuot beziehungsweise Pfingsten

Schawuot feiert den lebensstiftenden Geist der Zehn Gebote, Pfingsten die Geistkraft Gottes, die Mutlose bewegt. Orientierung und Inspiration: Gestalten und mutig voranschreiten!

Teil 5

Tanz mit der Tora

Julian-Chaim Soussan, Rabbiner in Frankfurt/Main, und Hans-Joachim Ditz, Ökumenebeauftragter des Erzbistums Berlin und Geschäftsführer des Ökumenischen Rates Berlin-Brandenburg, im Gespräch über Schawuot, das Fest der Gabe der Heiligen Schrift, und Pfingsten, das Fest der Gabe des Heiligen Geistes. Über Küsse für die Tora, Sprachverwirrung und Verständigung.

Herr Rabbiner Soussan, können Sie uns kurz Schawuot für Anfänger erklären?
SOUSSAN: Am 6. Siwan – dem 50. Tag nach Pessach – feiern wir das Fest Schawuot, das „Wochenfest". Schawuot bedeutet „Wochen". Es bietet die Vorlage für „Pfingsten", griechisch Pentekoste, der fünfzigste Tag. Der Anlass: Wir zählen sieben Wochen vom Auszug des Volkes Israel aus Ägypten bis zur Ankunft am Berg Sinai, wo es die Offenbarung Gottes erhält, die Tora. Schawuot ist außerdem ein Erntedankfest, da zu dieser Zeit in Israel der erste Weizen geerntet wird. Neben der Tora-Lesung der Zehn Gebote lesen wir die Rolle Ruth mit der Geschichte von der zum Judentum übergetretenen Moabiterin.

Wie feiern Sie Schawuot?
SOUSSAN: Wenn wir keine Pandemie haben, laden wir zu einer Nacht des Lernens der Tora ein. Mit etwa 100 Personen versuchen wir, wachzubleiben, lernen die Tora, hören Vorträge. Zum Abschluss feiern wir am Morgen Gottesdienst. Zum Brauchtum gehört, milchig zu essen. Der Klassiker ist der Käsekuchen. So futtert man sich gegen die Müdigkeit durch die Nacht. Schawuot ist kein griffiges, greifbares, sondern ein geistiges, geistliches Fest. Nach der körperlichen Befreiung von Pessach kommt jetzt die geistige Befreiung durch den Text der Tora.

Herr Ditz, wie würden Sie Pfingsten für Anfänger erklären?
DITZ: Pfingsten ist das Fest, das Mut machen soll. Nach dem Drama um Ostern waren die Jünger ratlos und ängstlich. Dann empfangen sie den Heiligen Geist. Das Neue Testament beschreibt das eindrücklich mit Feuerzungen und Sturmesbrausen. Auf einmal gehen die Jünger nach draußen. Und ausgerechnet Petrus, dieser große Hasenfuß, schwingt die große Rede und verkündigt Jesus als Christus, als Auferstandenen. Menschen bekommen Mut. Und Gottes Geist bewirkt Verständigung. Menschen reden miteinander, verstehen sich auf einmal, auch wenn sie unterschiedliche Sprachen sprechen, wie die biblische Erzählung vom Turmbau zu Babel beschrieben. Das ist die Wirkung von Pfingsten. Und Pfingsten ist so etwas wie das Geburtsfest der Kirche. Von Jerusalem aus tragen die Apostel die Botschaft von Jesus Christus in die Welt. Wir feiern, dass es Kirche gibt.

Wie feiern Sie Pfingsten, gerade auch in der Vielfalt und dem säkularen Umfeld in Berlin?
DITZ: Für Pfingsten gibt es wenig Anknüpfungspunkte. In Berlin versucht der Ökumenische Rat der Kirchen seit 2000, mit der Nacht der offenen Kirchen an die Idee vom Geburtsfest der Kirche anzuknüpfen. Früher gab es den Marsch vom Brandenburger Tor zum Berliner Dom mit Pfingstvesper und Stellungnahmen der Bischöfe zu aktuellen Themen. Am Pfingstfest geht man nach außen und bleibt nicht innerhalb der Kirchenmauern. So wie die Apostel.

Herr Soussan, können Sie mit der Vorstellung des Heiligen Geistes als Rabbiner etwas anfangen?
SOUSSAN: Da kann ich anknüpfen, es geht ja auch um Offenbarung. Feuerzungen und Sturmesbrausen erinnern mich an Gottes Offenbarung am Berg Sinai. Der Unterschied zu Pfingsten ist: Hier spricht Gott zum ganzen Volk. Er verkündet die Zehn Gebote, die Tora. Der Begriff des Heiligen Geistes ist schwierig, weil er im Christentum besetzt ist mit der dritten Person der Trinität. Im Judentum gibt es „ruach ha kodesh", den göttlichen Geist, der inspiriert. Alle Propheten stehen unter diesem göttlichen Geist, wenn sie prophezeien.
DITZ: Da sind wir doch einig! Gottes Geisteskraft wirkt in den Menschen. Da knüpfen wir Christen an die Bibel an. Sophia, in griechischer Sprache die Weisheit Gottes, ist an der Schöpfung beteiligt. In der Vorstellung des Heiligen Geist als Person der Trinität unterscheiden wir uns.

Gottes Wort mehr zu feiern, könnten wir Christen uns da nicht etwas abschauen, gerade wir Katholiken, Herr Ditz?
DITZ: Das ist genau der Impuls von Pfingsten: Die Jünger empfangen den Heiligen Geist und verkündigen den Menschen Gottes Wort. Sie geben es weiter, gehen nach außen. Das umfasst auch die jüdische Tradition. Das sind die Schultern, auf denen wir stehen und ohne die wir gar nicht sein können.

Also ist Schawuot für Christen ein Fest, das den Wert des Ersten Testamentes bewusst macht?
DITZ: Absolut. Es gibt eine Zeichnung, die das Alte und Neue Testament als Gebirge darstellt. Daraus strömen Quellflüsse zusammen. Das Neue Testament ist vergleichsweise ein Hügelland gegenüber dem Hochgebirge des Ersten Testaments. Das muss man einfach anerkennen.

Rabbiner Soussan, welche Bedeutung hat die Tora für den jüdischen Glauben? Ich habe den Eindruck, die Bedeutung der Schrift wird im Judentum viel mehr gefeiert und zelebriert. Ist das mit Schawuot verbunden?
SOUSSAN: Das ist ein wichtiger Unterschied, denn jeder einzelne Buchstabe der Thora ist von enormer Wichtigkeit: Gott hat die Welt mit Worten kreiert: Zehn Aussprüche hat es gebraucht, um die Welt zu schöpfen, sagt der Talmud. Gott sprach und es ward Licht. Und die Zehn Gebote heißen auf Hebräisch die zehn Aussprüche Gottes, asseret ha-dibrot. Die Tora, die fünf Bücher Moses, sind so heilig, dass aus einer Tora nicht mehr öffentlich gelesen werden darf, in der ein Buchstabe nicht mehr lesbar ist. Sie gilt nicht mehr als „koscher", was man sonst nur mit dem Essen assoziiert. Hier bedeutet es: rituell korrekt. In jedem Buchstaben steckt die Heiligkeit Gottes. Die Tora ist das Buch Gottes für den Menschen. Das „Neue Testament" ist das Buch der Menschen über Gott, über Jesus, den Christen als Gott ansehen. Nach der Kabbala, der mystischen Tradition, existierte die Tora schon vor der Welt. Gott schaut in die Tora, um die Welt zu schöpfen. Daraus entsteht eine enge Verbindung. Wenn wir den Zyklus der Tora einmal im Jahr durchgelesen haben, feiern wir am Ende des Laubhüttenfestes „Sukkot" „Simchat Tora", das Fest der Torafreude. Da wird mit der Tora getanzt, man küsst sie. Darin drückt sich eine Art Liebesbeziehung aus, etwa so, als würde ein Verfassungsrichter mit dem Grundgesetz tanzen. Die Kinder lernen die Tora von klein auf. Möglichst alle sollen sie lernen und ihr Wissen vertiefen. Das drückt sich in Schawuot aus.

Herr Ditz, gibt es so ein inniges Verhältnis zur Bibel auch in der katholischen Kirche?
DITZ: Ein so inniges, geradezu zärtliches Verhältnis zur Bibel, wie es Rabbiner Soussan gerade beschrieben hat – das begeistert mich! –, ist für römische Katholiken eher fremd. Das Allerhei-

ligste ist für uns die Eucharistie. Wenn wir die geweihte Hostie, den Leib Christi, empfangen, sind wir innig mit Jesus Christus verbunden. Da sehe ich eine Parallele. Innigkeit und Zärtlichkeit drückt sich auch in Texten und Liedern aus. Eine evangelische Kollegin im Ökumenischen Rat Berlin-Brandenburg antwortete mir auf die Frage, was für Protestanten das Allerheiligste ist: vielleicht das Wort, das nicht nur gelesen und gehört und ausgelegt wird, sondern das sich ereignet. Dabei ereignet sich die Kraft des Heiligen Geistes und spricht uns durch die Schrift immer wieder neu an. Das zu erspüren, ist unsere Aufgabe. Da gehen inzwischen auch Katholiken mit. Nicht einig sind wir uns in der Frage, wie wörtlich wir die Bibel auslegen. Die Haltung, mit der ich versuche, die Bibel zu lesen, ist: Die Bibel will nicht wortwörtlich genommen, sondern beim Wort genommen werden.

Wie erleben Sie das in Frankfurt, Herr Rabbiner Soussan, wie kann man das Wort Gottes heute verständlich machen?
SOUSSAN: Die Tora ist allumfassend, sie umfasst meinen ganzen Lebensbereich, nicht nur die Religion. Das ist es, was wir versuchen müssen zu übersetzen: Für unsere gegenwärtigen Probleme, für alle meine Lebensentscheidungen finden wir in der Regel in der reichen jüdischen Tradition, die sich seit 3500 Jahren, seit Moses mit dem jüdischen Volk am Berg Sinai stand, bis in die Gegenwart zieht, eine Orientierung. Deshalb ist dieses Wort, etwas, das wir versuchen müssen, uns zu vergegenwärtigen.

Herr Ditz, wie funktioniert Gottesrede in der Sprachverwirrung unserer Zeit?
DITZ: Ich treffe zunehmend Menschen, die sagen, Gott spielt für mich keine Rolle. Ich denke, wir können die Kraft des Zweifels nutzen oder, wie es Paul Michael Zulehner, katholischer Pastoraltheologe, formuliert hat: „Unsere Chance als Christen, überhaupt als Gottgläubige, besteht darin, das Gottesgerücht wachzuhalten." Den Zweifel nähren, es könnte ihn doch geben. Es könnte sein, dass er eingreift. Es gibt jedenfalls ein dickes Buch, das davon erzählt. So würde ich herangehen.

Herr Rabbiner, was können Sie von Pfingsten für sich mitnehmen?
SOUSSAN: Der Rückbezug auf das eigene Ich, das am Ende der Traditionskette steht und aus all dem auswählt und entscheiden muss, das ist noch mal deutlich geworden für mich. Diese eigene Beschäftigung mit dem Text, das Wort, das an mich geht, daran muss ich auch immer wieder erinnert werden.

Herr Ditz, was haben Sie heute über Schawuot gelernt?
DITZ: Was mich wirklich anrührt, ist der zärtliche Umgang mit der Tora. Das nehme ich mit. Und dass Gott selber in die Tora schaut, wie er die Welt erschaffen soll, ist ein wunderschönes Bild. Vielen Dank für diesen Blick in unsere Wurzeln, die jüdische Tradition. Und ich glaube in punkto Humor können wir auch noch eine Menge lernen.

Das Gespräch führte Volker Resing, Publizist und Ressortleiter Berliner Republik bei Cicero, Magazin für politische Kultur.

Julian-Chaim Soussan ist Gemeinderabbiner in Frankfurt am Main und Mitglied der orthodoxen Rabbinerkonferenz. Foto: Rafael Herlich

Hans-Joachim Ditz ist Ökumenebeauftragter des Erzbistums Berlin und Geschäftsführer des Ökumenischen Rates Berlin-Brandenburg.
Foto: Walter Wetzler

kurz und knapp

Eine jüdische Stimme

Eine Nacht lang die Tora studieren

Schawuot wird genau 50 Tage nach dem Pessachfest begangen und feiert die Offenbarung der Tora am Sinai. Eigentlich ist jede Toralesung eine Vergegenwärtigung dieses Ereignisses, beim „Fest der Gabe der Tora" aber noch einmal besonders, denn es werden die Zehn Gebote vorgetragen, die eine direkte Ansprache Gottes an Israel waren. Dieser Akt wird als eine Art Hochzeit zwischen Gott und Israel verstanden, und die Tora ist der Ehevertrag, der die gegenseitige Hingabe und Verpflichtung beider Liebender darlegt. Ein Sinnbild dieser Treue ist das biblische Buch Ruth, das dem Wochenfest als besondere Lesung zugeordnet ist. Schawuot ist eines der drei Wallfahrtsfeste und hat wie diese auch eine landwirtschaftliche Dimension. Es wird auch als „Fest der Erstlingsfrüchte" bezeichnet, weil es den Beginn der Weizenernte und des Reifens der Sommerfrüchte markiert. Zum besonderen Festtagsopfer zu Tempelzeiten gehörte das Darbringen von Weizenbroten. Heute ist das Fest vor allem wegen des Tikkun, einer Lernnacht, populär, bei der man sich gemeinschaftlich bis in die frühen Morgenstunden dem Torastudium hingibt. Wach gehalten wird man dabei durch die Vielzahl süßer und herzhafter Gerichte aus Milch und Käse, die dem Fest seinen besonderen Geschmack geben.

Ulrike Offenberg

Eine christliche Stimme

Die Geistkraft Gottes bewegt die Mutlosen

Schawuot feiert den lebensstiftenden Geist der Zehn Gebote. An Pfingsten bewegt die Geistkraft Gottes die Mutlosen. Orientierung und Inspiration: Gestalten und mutig voranschreiten.
Die Hauptfeste Israels sind ursprünglich im natürlichen Jahreszyklus des Landes verankert und markieren mit dem Dank für die Gaben der Erde die unterschiedlichen Jahreszeiten (vgl. 5. Mose 26,1–11). Schawuot, das sieben Wochen nach Pessach begangen wird, feiert dabei den Abschluss der Getreideernte. Alle Feste wurden jedoch im Lauf der Geschichte mit bedeutenden Ereignissen aus der Bibel theologisch hinterlegt. An Schawuot wird der Gabe der Tora am Gottesberg gedacht.
Da die göttliche Weisung in ihrem Wortlaut als kanonischer Text nicht verändert werden darf, die ethischen und kultischen Gebote und Verbote jedoch der Adaption in neue Zeiten bedürfen, braucht es zur rechten Auslegung der Mose-Tora göttliche Inspiration, die Gabe des Geistes. Die Geistbegabung an alle Menschen (vgl. Joel 3, vgl. Apostelgeschichte 2) schafft unmittelbaren Zugang zu Gott und seiner Offenbarung und bewirkt, dass alle im Gottesvolk die gesamte Tora begreifen und befolgen können (vgl. Hesekiel 36,26f.). Die neutestamentliche Rezeption im Pfingstereignis aktualisiert diesen universalistischen Zugang und macht die christliche Botschaft für Menschen aus allen Völkern verständlich.

Irmtraud Fischer

→ Impulse für das Gespräch und Texte zum Vertiefen

Was gibt dir in deinem Leben Orientierung? Pfingsten ist ein „Mutmachfest". Was macht dich mutig? Was inspiriert dich? Was stellst du dir unter dem Heiligen Geist vor? Was kann dich begeistern?

Biblischer Kontext: 2. Mose 20, 1–17; 5. Mose 16,9–12; 5. Mose 26,1–11; das Buch Ruth (wird zu Schawuot in den Synagogen gelesen); Johannes 16,7–14.33; Apostelgeschichte 2,1–8.11–13; Epheser 4,22–32

→ Wusstest du schon …

… dass Schawout auch ein Erntedankfest für den ersten Weizen ist?

Schawuot, Gemälde von Moritz Daniel Oppenheim, 1880.
Foto: CC0/via Wikimedia

Kirchenfenster von Hans Stocker in der Kirche St. Peter in Büsserach mit der Darstellung der Heiligen Geistkraft, die in christlichen Bildmotiven meist als Taube dargestellt wird.
Foto: Roland Zumbuehl, CC BY-SA 3.0/ via Wikimedia

Auszeit vom Alltag
Schabbat beziehungsweise Sonntag

Schabbat und Sonntag: Ein Vorgeschmack auf das Reich Gottes, ein Recht auf Ruhe für Mensch, Tier und Pflanze: für Momente des Friedens und des Glücks. Keine Ausbeutung: Leben ist nicht verfügbar. Gut für die Seele, gut für die Welt!

Teil 6

Insel der Ruhe

Steven Langnas, Rabbiner in München und Lehrbeauftragter, und Andrea Richter, Pfarrerin und Beauftragte für Spiritualität der EKBO, im Gespräch über Schabbat und Sonntag. Über eine Insel der Ruhe, eine zweite Seele und sinnvolle Verbote.

Rabbiner Langnas, wie sieht für Sie der Schabbat aus? Wenn der Wecker klingelt, was machen Sie als Nächstes?

LANGNAS: Der Wecker klingelt am Samstag nicht, weil wir keine Technik benutzen dürfen. Die Vorbereitungen für unseren Schabbat beginnen schon am Mittwoch oder Donnerstag. Alles muss eingekauft, vorgekocht und arrangiert sein, bevor der Schabbat am Freitagabend losgeht. Beim Schabbes Eingang zündet die Frau die Schabbes Lichter, um mehr Licht und Freude zu Hause zu verbreiten. In dieser Zeit gibt es einen Gottesdienst in der Synagoge. Danach wird zu Hause mit Familie und Freunden gefeiert. Die festliche Mahlzeit wird mit dem Kiddusch, einem Gebet über Wein und Brot, eingeleitet. Zwischen den Gängen gibt es Tischlieder und am Ende ein Tischgebet. Dazwischen wird über eine Bibelstelle diskutiert. Schabbat feiern ist ein spirituelles Erlebnis, nicht nur eines für den Bauch.

Was passiert am Samstag?

LANGNAS: Der Gottesdienst dauert zwei bis drei Stunden. In der Synagoge gibt es ein kleines Essen. Dabei ist Gelegenheit zum Gespräch. Wieder folgt eine Mahlzeit. Am Nachmittag lesen, spazieren, schlafen wir. Gegen Sonnenuntergang gibt es noch eine Mahlzeit und einen Abendgottesdienst. Da verabschieden wir uns vom Schabbes durch die Zeremonie Hawdala. Mit ihr trennen wir die Heiligkeit des Schabbes vom Anfang der neuen Woche.

Pfarrerin Richter, wie ist das bei Ihnen am Sonntag?

RICHTER: Ich werde ganz sehnsüchtig, wenn ich höre, wie durchgestaltet und erfüllt das klingt. Als Gemeindepfarrerin versuchte ich, am Samstagabend die Arbeit wegzulegen und das Essen für den Sonntag vorzubereiten. Am Sonntagmorgen spazierte ich lange mit meinem Hund im Grünen und stimmte mich ein auf den Gottesdienst. Mittags trafen wir uns als Familie, haben ausführlich gegessen, Mittagsschlaf und Sonntagsspaziergang gemacht. Diese aus dem Judentum überlieferten Elemente sind in den Sonntagsritualen alle enthalten.

Gott ruhte am siebten Tag, eigentlich ist das der Samstag. Wie kommt es dann, dass im Judentum der Schabbat auf Freitagabend und Samstag fällt und im Christentum auf den Sonntag?

LANGNAS: Christen waren jüdisch. Sie hielten Schabbes am Samstag. Zusätzlich feierten sie am Sonntag den Tag des Herrn, die Auferstehung Jesu. Als die Kirchenväter das Christentum mehr vom Judentum trennen wollten, verschoben sie die Feierlichkeiten vom Schabbes von Samstag auf den Sonntag. Schabbat ist immer noch ein Teil vom Christentum, aber ohne die Rituale und das strikte Arbeitsverbot.

RICHTER: Dass im Christentum das Bewusstsein für den Ruhetag, den Schabbat so verschwunden ist, bedauere ich sehr. Bemerkenswert am Schabbat finde ich auch: Der Mensch empfängt eine zweite neue Seele, die „Neschama Jetera", um Gott erfahren zu können. Wie einen spirituellen siebten Sinn. Christ:innen begehen den Sonntag als Tag der Auferstehung, an dem das Leben neu auflebt.

LANGNAS: Diese Schabbat-Seele „nischoma bischema" ist eine zusätzliche Dimension von Spiritualität. Durch die Verbote und die Schabbat-Ruhe wird ein Mensch empfänglicher für das Spirituelle.

Am Schabbat ist vieles nicht erlaubt. Wie erklären Sie diese Verbote heute?
LANGNAS: Geht man die Liste von Verboten durch, meint man: Was für ein düsterer Tag! Kein Handy, kein Computer, kein Fernseher, keine Elektrizität, kein Fahren mit Fahrrad, Auto und öffentlichem Verkehrsmittel. Kein Einkaufen, kein Kochen, kein Kino. Aber durch diese Verbote ist ein richtiger Ruhetag garantiert. Denn es ist doch so: An einem freien Tag nehmen wir uns vor, spazieren zu gehen oder ein Buch zu lesen. Aber was passiert? Mir fällt ein, was ich alles vergessen habe zu tun und ich erledige es. Hast du aber ein Verbot, ist diese Insel der Ruhe garantiert.

Was hat es mit dem Verbot zu arbeiten auf sich?
LANGNAS: Die Verrichtung von Melacha „Arbeit", ist am Schabbat verboten. Von dem Wort kommt die Redewendung „malochen gehen". Verboten ist kreatives Arbeiten. Betätige ich einen Lichtschalter, erlaube ich dem Strom, durch das Kabel bis zur Glühbirne zu fließen. Das erzeugt Licht und Wärme, die vorher nicht existierten. Das ist kreative Arbeit.

Frau Richter, gibt es im Christentum auch Ge- und Verbote?
RICHTER: Manchmal wünschte ich mir, mir würde jemand am Sonntag den Strom abstellen. Aber in der evangelischen Tradition gibt es kein strenges Reglement. Wir haben es schwerer als eine jüdische Familie. Es ist in die Hände jeder Familie gelegt, wie sie mit der Einladung für einen Ruhetag umgeht. Und bedenkt, dass wir nicht die Schöpfer:innen unseres Lebens sind. In der Corona-Zeit erlebten wir digital eine Art Revival der Haus- und Familienkirche. Das knüpft an die jüdische Tradition an.

Was ist Ihnen besonders wichtig am Sonntag als Ruhetag?
RICHTER: Was wirklich für die Seele notwendig ist, kann ich nicht machen, nur empfangen. Wir sind nicht Schöpfer, aber wir haben schöpferische Fähigkeiten. Diese sind uns als Aufgaben in die Hände gelegt. Haben wir sie erfüllt, sind wir nicht mehr Schaffende, sondern geschafft und können uns die leeren Hände wieder füllen lassen. Das ist die Funktion des Sonntags. Das müssen wir als Christen wieder mehr verstehen lernen und Rituale dafür finden.
LANGNAS: Pfarrerin Richter, sie haben eine wichtige Sache erwähnt. Unsere schöpferische Fähigkeit ist einer der Gründe für die Schabbes-Ruhe. Einen Tag in der Woche hören wir auf, schöpferisch zu sein, um zu erkennen, dass dieses wunderbare Geschenk von Gott kommt. Wir haben so viel geschaffen, Radio, Raumschiffe, Computer: Wow, wie toll wir sind. Wir sind toll! Aber die Möglichkeit all das zu tun, kommt nicht von uns. Sie kommt von oben.
RICHTER: Das könnte man sofort auf den Sonntag als Tag der Auferstehung übertragen. Es bedarf einer Art spirituellen Grabesruhe, um anzuerkennen, dass wir unser Leben nicht aus uns selber haben. Wir bedürfen der Auferstehung und der Geistkraft Gottes, um neu anfangen zu können.

Worin besteht für Sie die soziale und politische Bedeutung des Sonntags?
RICHTER: Die Ruhe ist wichtig, um die Kraft zu gewinnen, die versklavenden Todesstrukturen unserer Welt zu erkennen. Und dagegen aufzustehen. Wir schonen auch die Natur und hinterlassen einen kleineren ökologischen Fußabdruck. Hier kommt aus den monotheistischen Religionen ein wesentlicher Impuls. Auch der Freitag der Muslime gehört dazu.

Immerzu piepst sonntags beim Essen ein Handy, klingelt ein Telefon. Eine Software kann regeln, dass am Sonntag niemand anruft. Der Bedarf nach Ruhe setzt ein

kreatives Schaffen frei?
LANGNAS: Schabbat erinnert an die Befreiung aus der Sklaverei in Ägypten. Wenn ich bei Sonnenuntergang am Freitag mein Handy ausschalte, bin ich befreit von meiner Sklaverei der heutigen Technik.

Kirchen und Gewerkschaften kämpfen aus unterschiedlichen Perspektiven für den Ruhetag. Zugleich gab er immer wieder Anlass für antisemitische Übergriffe.
LANGNAS: In den USA, wo ich ursprünglich herkomme, ist alles 24 Stunden offen. Die Feiertagsruhe existiert nicht mehr. In Deutschland musste ich mich erst daran gewöhnen, dass ich am Sonntag – nach dem ohnehin freien Schabbat – nicht einkaufen kann. Dazu kommt: Bis ins 20. Jahrhundert hinein war der Samstag vielerorts ein Arbeitstag. Jemand, der Schabbat halten wollte, hatte es oft sehr schwer, am Samstag frei zu bekommen.
RICHTER: Ich halte es für eine anthropologische Notwendigkeit, dass wir die Bedeutung der Ruhetagskultur wieder erlernen. Entsetzt bin ich darüber, wie oft die Schabbatruhe genutzt wurde, um gegen Jüdinnen und Juden zu hetzen. Das Nichtarbeiten am Samstag wurde sogar unter Strafe gestellt.

Die Kirche behauptete, Jesus hätte den Schabbat gebrochen.
RICHTER: Das ist infam! Das Gegenteil ist der Fall. Jesus interpretierte den Schabbat auf eine bestimmte Weise: Lebensnotwendiges darf am Schabbat geschehen, wie das Heilen. Wenn ich richtig informiert bin, darf ein jüdischer Arzt am Schabbat natürlich einem Kranken zur Hilfe eilen. Aber er wird nicht mit dem Auto zurückfahren. Ich glaube das ist eigentlich jesuanisch.
LANGNAS: Wenn Lebensgefahr besteht, darf man im Judentum nicht nur die Schabbat-Vorschriften aufheben, man muss alles tun, was möglich ist, um Leben zu retten! Jesus war im grünen Bereich. Er heilte mit Worten. Das ist nicht verboten.

Sonntag gilt als achter Tag. Manche Kirchen und Taufsteine sind deshalb achteckig. Dabei ist der Sonntag der siebte Tag, wie kommt das?
RICHTER: Die Acht sprengt die irdische Dreidimensionalität und eröffnet eine neue Dimension, genauso wie die Auferstehung. Der siebte Tag ist der Ruhetag, der achte Tag der erste Tag der neuen Schöpfung. In der Taufe sind wir hineingenommen in Tod und Auferstehung Jesu, deshalb das Achteck.
LANGNAS: Im Judentum ist das auch so. Sieben ist ein kompletter Zyklus. Acht ist ein neuer Anfang. Deshalb werden Jungen am achten Tag beschnitten. Für einen Jungen beginnt sein vollständiger Status als Mitglied des Bundes Abrahams.
RICHTER: Auch das Jesuskind wurde am achten Tag zur Beschneidung gebracht.

Das Gespräch führte Anna Müller, Beraterin bei der Mobilen Beratung gegen Rechtsextremismus.

Andrea Richter ist Pfarrerin und landeskirchliche Beauftragte für Spiritualität der EKBO.
Foto: Judith Crawford/AKD

Rabbiner Steven Langnas ist Seelsorger und Lehrbeauftragter am Lehrstuhl für Religionspädagogik der Katholisch-Theologischen Fakultät der Universität München. Foto: privat

kurz und knapp

Eine jüdische Stimme

Auszeit vom Alltag

Höhepunkt jeder Woche ist der Schabbat, der siebente Schöpfungstag, an dem wir in Nachahmung Gottes von unserem Tagewerk ruhen sollen. Die Geschäftigkeit des Alltags soll pausieren, damit wir uns anderen Dingen widmen können, für die sonst wenig Zeit bleibt: Familie, Freunde, Torastudium, Gottesdienst und Geselligkeit in der Synagoge, Ausruhen und Auftanken. Schabbat meint nicht untätiges Herumsitzen, sondern aktives Streben nach anderen Dimensionen unseres Seins. Als Hilfestellung formulierte die jüdische Tradition einen Katalog von Tätigkeiten, die nicht verrichtet werden sollen, damit wir Ruhe finden und diese Freiheit von Arbeit ebenso den Menschen und sogar auch den Tieren in unserer Umgebung gewähren. Der Schabbat ist kaum denkbar ohne die festlichen Mahlzeiten im Kreis von Familie und Freunden, eingeleitet von Segenssprüchen über Kerzen, Wein und zwei geflochtenen Brotzöpfen. Die Gebete und Lieder in der Synagoge preisen Gottes Schöpfungswerk, im Morgengottesdienst steht die Lesung des Wochenabschnitts der Tora im Zentrum. Dieser Text ist auch der Fokus von Torastudium und Auslegungen an diesem Tag. Diese aktiven Phasen des Schabbats wechseln ab mit Zeiten der Ruhe und des Kraftschöpfens, bis dann am Samstagabend mit der Hawdala-Zeremonie, dem Segen über Wein, Licht und Gewürze, die Rückkehr in den Alltag erfolgt.

Ulrike Offenberg

Eine christliche Stimme

Gott sei Dank, es ist Sonntag! Aber was ist das eigentlich, der Sonntag?

- Jeder Sonntag ist ein Ostertag. Das macht ihn schön.
- Stirbt der Sonntag am Wochenende? Der Sonntag ist nicht der letzte, sondern der erste Tag der Woche, der Tag nach dem Sabbat.
- In einem neuen Licht. Gott lässt seinen Christus nicht in der Nacht.
- Da kommt Freude auf. Der Ostertag, und der wöchentliche Ostertag, ist der erste Tag einer verwandelten Wirklichkeit. Lassen wir das zu? Lassen wir uns aufrichten, üben wir – nicht nur – sonntags den aufrechten Gang?
- Tag des Herrn. Nicht des Vorstandsvorsitzenden Herr Dr. Müller, sondern eines aus dem Tod geretteten Gerechten. Des, in Gottes Spur, radikal anderen Herrn.
- Der Sonntag ist „der achte Tag". Acht, Symbolzahl der Vollendung und der Ruhe. Acht Menschen birgt die Arche. Taufbecken sind oft achteckig. Grund zum Lebensmut, zu einem Leben in heiterer Gelassenheit: Freude.

Heute kämpfen Kirchen und Gewerkschaften gemeinsam um die Bewahrung des Sonntags, um seine aus Zwängen und Routinen befreiende Kraft. Wir haben es vom Sabbat gelernt. Haben wir es gelernt? In Zeiten von Corona, des Rund-um-die-Uhr-Home-Office, in Zeiten, in denen wir mit einem Klick alles jederzeit bestellen können, ein vergeblicher Einsatz? Treue Erinnerung an die Ursprünge – hilft.

Susanne Sandherr

Auszeit vom Alltag 45

→ **Impulse für das Gespräch und Texte zum Vertiefen**

Wenn du einen ganzen Tag Zeit hättest, dich zu erholen, was würdest du dann tun? Wenn Menschen zur Ruhe kommen, werden sie offen für Neues. Erlebst du das auch? Wie wäre es für dich, wenn du einen ganzen Tag dein Smartphone ausschalten würdest? Gehst du manchmal in den Gottesdienst? Kann man seinen Glauben ohne Gottesdienstbesuch leben?

Biblischer Kontext: 1. Mose 1,3–5; 1. Mose 2,1–3; 2. Mose 20, 8–11; 5. Mose 5,12–14; Apostelgeschichte 20,7; Lukas 24,1–6; Offenbarung 1,10

→ **Wusstest du schon …**

… dass Schabbat von Freitagabend bis Samstagabend geht?

Schabbat-Leuchter.
Foto: Olaf Herfurth, CC BY-SA 3.0/
via Wikimedia

Gottesdienst am Sonntag
in der Friedenskirche in
Berlin-Grünau.
Foto: Uwe Baumann

Verbunden im Gedenken
Tischa B'av beziehungsweise Israelsonntag

Am 9. Av erinnern Jüdinnen und Juden die Zerstörung des Jerusalemer Tempels. Christinnen und Christen früherer Zeiten deuteten sie als Gericht Gottes. Heute bekräftigen die Kirchen ihre Verbundenheit mit dem jüdischen Volk – evangelische Christinnen und Christen am Israelsonntag. Aufeinander achtgeben!

Teil 7

Trauer und Neuanfang

Nils Ederberg, Rabbiner in Berlin, und Andreas Goetze, Landeskirchlicher Pfarrer für den Interreligiösen Dialog (EKBO), im Gespräch über Tischa B'av und Israelsonntag. Über Traumata der jüdischen Geschichte und die späte Umkehr der Kirche.

Herr Ederberg, welche Bedeutung hat der Tischa B'av als Gedenktag für Jüdinnen und Juden?
EDERBERG: Tischa B'av hat im jüdischen Kalender eine herausragende Rolle. Es ist der traurigste Tag des Jahres und einer von nur zwei vollen Fasttagen neben dem Versöhnungstag, dem Jom Kippur, der in diesem Jahr auf den 15./16. September fällt. Voller Fasttag heißt, von Sonnenuntergang bis zum nächsten Abend, wenn drei Sterne zu sehen sind, darf man 25 Stunden nichts essen, nichts trinken, keinen Sex haben, sich nicht schminken. Wir vermeiden alle Dinge, die Freude machen. Auch keine Tora lernen. Außer Texte, die mit der Trauer um die Zerstörung und die Toten zu tun haben.

Wessen wird gedacht?
EDERBERG: Tischa B'av ist biblisch der Tag der Zerstörung des Tempels und damit des ersten Exils – der Urkatastrophe der jüdischen Geschichte. Er ist nach der rabbinischen Überlieferung auch der Tag der Zerstörung des zweiten Tempels durch die Römer. Alle Katastrophen der jüdischen Geschichte werden am 9. Av erinnert. Auch die Schoa, der Holocaust, hätte eigentlich ihren Platz am 9. Av. Es ist ein sehr intensiver, ein trauriger Tag. Aber es bedeutet auch, dass die anderen Tage im jüdischen Kalender nicht so intensiv und traurig, sondern fröhlich und normal sind.

Es wird der Gräueltaten an Jüdinnen und Juden gedacht. Nimmt der Tag die Rolle der kollektiven Trauerbewältigung ein?

Auch in Familien?
EDERBERG: Ja und Nein. Die ganze jüdische Tradition ist Traumabewältigung. Die Form und die Texte der Hebräischen Bibel sind eine Reaktion auf die Zerstörung des Tempels und des Exils. Fünfmal im Jahr gedenken die Familien unserer individuellen Toten. Insofern ist das nicht primär an Tischa B'av gebunden, sondern im Vordergrund steht das kollektive Gedenken der Katastrophen, die das jüdische Volk im Laufe der Jahrhunderte und Jahrtausende durchleben musste.

Welche Bräuche gibt es?
EDERBERG: Wir nehmen den bunten Vorhang vom Tora-Schrein und das Tuch auf dem Lesepult weg. Dann ist die Synagoge nackt. Wir beten auch das Morgengebet ohne den Tallit, den Gebetsschal. Wenn man ihn sonst jeden Morgen trägt, fühlt man sich ein bisschen wie nackt. Das ist im christlichen vergleichbar mit der Tradition am Karfreitag, den Altar abzuräumen und Textilien zu entfernen.

Herr Goetze, die Interpretation der Zerstörung des Tempels nimmt am Israelsonntag auch eine zentrale Rolle ein. Was zeigt sich da für das Verhältnis von Kirche zum Judentum?
GOETZE: Heute haben wir einen sensibleren Umgang mit dem 10. Sonntag nach Trinitatis als früher. Das entwickelte sich aber erst seit den 1970er Jahren. Der Israelsonntag steht im jüdischen Kalender zwischen dem Tischa B'av, der Zerstörung, der Trauer, und Rosch HaSchana,

dem Neujahrstag, also dem Neuanfang. Das ist nicht zufällig. Denn das Evangelium für den Israelsonntag, Lukas 19: „Jesus weint über Jerusalem", hörten die Kirchen lange Zeit als eine Warnung: Passt auf, so geht es Menschen, die nicht treu an Gott festhalten. Die Zerstörung Jerusalems wurde interpretiert als Strafe für die Kreuzigung Jesu als des Christus. Gott habe sein Volk verstoßen, so die Interpretation. Das Alte Israel sei vergangen. Das neue Israel sei die Kirche.

Jetzt gibt es einen anderen Blickwinkel. Was hat sich geändert?
GOETZE: Ich würde sagen: Es beginnt sich langsam etwas zu verändern. Die Deutungslinie der Zerstörung des Tempels als Beweis dafür, das Gottes Erwählung mit seinem Volk nicht mehr gültig und auf die Kirche übergegangen sei, ist noch eine sehr machtvolle Bildwelt. Bis heute ist sie in Predigtmeditationen zu finden. Aber es gab eine Neuorientierung seit Mitte der 1960er Jahre. Aktion Sühnezeichen Friedensdienste setzte und setzt mit ihren Predigthilfen und Materialien zum 10. Sonntag nach Trinitatis einen neuen Akzent auf das Gedenken an christliche Schuld und Umkehr.

Wie wirkte sich das aus?
GOETZE: Das Weinen Jesu wurde nicht mehr so sehr als anklagend gedeutet, sondern als ein empathisches, solidarisches Mitleiden und Mitklagen. Jesus klagt nicht an, sondern er klagt und ist traurig über die Zerstörung Jerusalems. Man las den Text als eine Bußaufforderung. Die Kirche begann, sich selbstkritisch im Blick auf ihre eigene Schuld zu hinterfragen. Und betonte die Verbindung zwischen Judentum und Christentum stärker. Man fragte auch, ob Lukas 19 der richtige Text für den Israelsonntag sei. Anfang der 1990er Jahre fügte man einen zweiten Evangeliumstext hinzu: die Frage nach dem größten Gebot in Markus 12. Da heißt es am Ende: Du hast wahrhaftig und recht geredet. Jesus und der Schriftgelehrte stimmen inhaltlich überein. Diese Ausrichtung ist bis heute geblieben, auch in der neuen Perikopenordnung von 2018 sind beide Texte enthalten.

Herr Ederberg, wie wird die Zerstörung des Tempels im Judentum interpretiert, als Tragödie, als Strafe, als Mahnung?
EDERBERG: Die Zerstörung des Tempels und die Eroberung Jerusalems bedeutet im Grunde das Ende für Volk, Land, Gott normalerweise. Die anderen haben gewonnen. Der eigene Gott erwies sich als schwächer als andere. Die Überlebenden orientieren sich neu. Aber die deportierte Oberschicht im Exil sagte: Unser Gott ist nicht nur stärker, er ist der einzige Gott. Die anderen Götter sind nichts. Das ist völlig verrückt! Die Exilanten meinten, die Katastrophe sei nicht passiert, weil Gott schwach oder abwesend war, sondern weil er gerecht war und sagte: Das ist die gerechte Strafe, weil ihr nicht getan habt, was ich euch gesagt habe und weil ihr Gott nicht in rechter Weise verehrt habt.

Wie beurteilen Sie diese Interpretation heute?
EDERBERG: Das ist für uns heute sehr schwer nachzuvollziehen, gerade angesichts der Schoa. Aber sie ist der Grund, warum das Judentum diese Ur-Krise überstanden hat. Bei der zweiten Tempelzerstörung war das schon etabliert. Uns steht das als Krisenbewältigung zur Verfügung, aber gleichzeitig regt sich gehöriger Widerstand dagegen. Sichtbar wird er in einem Ritus: Dass wir beten müssen am Morgen ist festgelegt, aber wir tun das am Tischa B'av aus Protest ohne Tallit, den Gebetsmantel, sozusagen als „Dienst nach Vorschrift". Nicht in der Zerstörung Jerusalems liegt das Problem, sondern in der Frage, wie Gott das zulassen kann. Die traditionelle Antwort ist: Wenn wir besser sind und handeln, wird das nicht wieder passieren. Darum geht es auch in der Tora-Lesung Deuteronomium 4, 25–40 an Tischa B'av. Gott mahnt: Wenn ihr das tut, was

ihr tun sollt, wird es euch gut gehen. Wenn nicht, dann nicht. Die Heilsverheißungen hängen vom Verhalten ab. Das ist das Denken hinter Tischa B'av und der ganzen jüdischen Tradition, mit dem wir aber nicht glücklich sind.

GOETZE: Ich glaube, das ist ein ganz entscheidender Blickwechsel. Wenn ich von innen heraus eine Selbstkritik formuliere, ist das etwas völlig anderes, als wenn mir jemand von außen her bedeutet: Das passiert dir, weil du Jesus nicht anerkannt hast. Die Grundfrage für die innerchristliche Debatte ist eine selbstkritische Frage: Wie kann es sein, dass eine Religion der Liebe über Jahrtausende so lieblos mit anderen umgeht? Das ist die eigentliche Frage des Israelsonntags als Bußtag heute.

Herr Ederberg, welche Rolle spielt die Klagemauer heute im jüdischen Glauben?

EDERBERG: Auf Hebräisch nennen wir den Tempelberg Har Habait, der Berg des Hauses JHWH, des Ha Mikdasch, des Tempels. An der Westseite, Richtung Altstadt, ist die Westmauer, früher sagte man Klagemauer, auf Hebräisch Kotel, die Mauer. Das war der Ort, wo Juden am nächsten an den Tempelberg herankamen. Insofern war er zentral für die jüdische Erinnerung, für die Trauer. Die Mauer ist bis heute für den größten Teil der Juden der zentrale Ort, auch für viele, die nicht sehr religiös sind.

Wenn Sie beide selbstkritisch auf den interreligiösen Dialog schauen, was würden sie sagen: Was könnten wir verbessern?

EDERBERG: Jüdische Tradition nimmt sich als die Ältere wahr, die mit dem Christentum eigentlich nichts zu tun hat. Wir waren ja vorher da. Wir sind unabhängig davon. Das ist das eine. Das zweite ist, dass die Synagoge gerade nach der Schoa vor allem als Rückzugsort, als eine Art exterritorialer Grund außerhalb Deutschlands wahrgenommen wurde, wo man sich nicht mit der Umgebung auseinanderzusetzen brauchte. Das führt gegebenenfalls zu einer großen Insularität. Die Frage, wie wir mit unserer Umgebung umgehen, ist natürlich gut und richtig. Aber nicht an Tischa B'av.

GOETZE: Es geht beim Israelsonntag um eine Grundhaltung des respektvollen Umgangs mit dem Anderen und dem selbstkritischen Schauen auf das Eigene. Es bleibt eine Herausforderung, Judenfeindschaft in der Kirche theologisch zu bearbeiten. Wie deute ich die Rechtfertigungslehre nicht antijüdisch? Wie rede ich über Gesetz und Evangelium so, dass das Judentum nicht eine rein gesetzliche Religion predigt und das Christentum die frohe Botschaft? Wie komme ich aus diesen Schwarz-Weiß-Mustern heraus? Der Israelsonntag ist ein Impuls, diese Grundhaltung einzuüben. Jede Hoffnung für die Menschheit kann immer nur eine dialogische sein. Deswegen möchte ich nicht ausgrenzend glauben, sondern nur im Gespräch mit den Anderen. Wir brauchen da ein Miteinander. Daran erinnert der Israelsonntag, wenn er im Sinn des Dialogs und des Lernens verstanden wird.

Das Gespräch führte Anna Müller, Beraterin bei der Mobilen Beratung gegen Rechtsextremismus.

Rabbiner Nils Ederberg unterrichtet am Abraham-Geiger Kolleg in Potsdam angehende Rabbinerinnen und Rabbiner. Foto: Tobias Barniske

Dr. Andreas Goetze ist Landeskirchlicher Pfarrer für den Interreligiösen Dialog der EKBO. Foto: Detlef Albrecht

kurz und knapp

Eine jüdische Stimme

Verbunden im Gedenken

„Wenn ich dein vergesse, Jerusalem, soll meine rechte Hand verdorren, meine Zunge soll am Gaumen kleben, wenn ich deiner nicht gedenke."
Diese Worte des 137. Psalms widerspiegeln die Bedeutung der Zionsstadt für Israel. Hier stand der Tempel, in dem Gottes Gegenwart unmittelbar spürbar war, die Stadt war religiöses und politisches Zentrum. Doch mit der Zerstörung von Heiligtum und Stadt durch die Römer im Jahr 70 nach Christus war Israel seiner Mitte beraubt, das Volk wurde auf Jahrhunderte ins Exil getrieben. An diese Katastrophe erinnert Tischa B'av, der Trauertag, der mit Fasten und Trauergesängen verbracht wird. Das Rezitieren biblischer Klagelieder vergegenwärtigt den Verlust.

Doch das Judentum verharrte nicht in der Zerstörung. Jerusalem blieb als Fokus präsent, indem die Gebete dorthin ausgerichtet werden, in Feier- und Fastentagen wie auch bei traurigen wie freudigen Anlässen der Stadt gedacht wird. Aber jüdisches Leben ging weiter und kehrte nach Jerusalem zurück. Bis heute eint Menschen weltweit die Hoffnung auf Zion als Ort, wo „Liebe und Wahrheit sich begegnen, Gerechtigkeit und Frieden sich küssen" (Psalm 85, 11).

Ulrike Offenberg

Eine christliche Stimme

Freude über die bleibende Erwählung und das Verbindende

Die Geschichte des „Israelsonntags" ist wie ein Spiegel und zeigt, wie evangelische Christinnen und Christen jüdische Geschichte und Gegenwart wahrgenommen haben. Am 10. Sonntag nach dem Trinitatisfest – im zeitlichen Umfeld des jüdischen Gedenktags Tischa B'av – wurde seit dem Hochmittelalter in christlichen Gottesdiensten ein Abschnitt aus dem Lukasevangelium gelesen, in dem Jesus über Jerusalem weint und die Zerstörung der Stadt ankündigt (Lukas 19,41–48). In der Reformation gewann dieser Tag als „Gedenktag der Zerstörung Jerusalems" an Bedeutung. Viel zu häufig wurde Lukas 19 dabei als Hinweis auf die vermeintliche „Verwerfung" des jüdischen Volkes verstanden, weil es Jesus nicht als Messias erkannt habe.
Einige wenige Gemeinden feierten aber auch Klagegottesdienste und brachten eigene Not im Lichte der „Zerstörung Jerusalems" vor Gott. Erst durch den jüdisch-christlichen Dialog wurde der Israelsonntag zu einem Tag der Freude über die bleibende Erwählung von Jüdinnen und Juden und der Entdeckung dessen, was Juden und Christen verbindet. Davon erzählt das neue Evangelium des Tages (Markus 12,28–34), das auch in der katholischen Leseordnung begegnet. So bedeutet der Tag die Chance zu einem Gedenken, das in eine gemeinsame Zukunft weist und alter wie neuer Judenfeindschaft entschieden entgegentritt.

Alexander Deeg

→ Impulse für das Gespräch und Texte zum Vertiefen

Was macht dich sehr traurig und wie geht es dir dann? Erinnerst du dich daran, als dir jemand etwas kaputtgemacht hat, das dir sehr wichtig war? Hast du schon einmal eine Synagoge oder eine Kirche besucht? Was verbindet deiner Meinung nach Juden und Christen?

Biblischer Kontext: Klagelieder Jeremias; 5. Mose 4,25–40; Psalm 85,11; Psalm 122 und 137; Jesaja 40; Markus 12, 28–34; Lukas 19,41–48; Römer 9,1–5; Römer 15,7–13

→ Wusstest du schon …

… dass 1980 die Synode der Evangelischen Kirche im Rheinland als erste Landeskirche der EKD die Judenmission ablehnte?

Begegnung auf Augenhöhe. Der Künstler Joshua Koffman schuf mit der Plastik „Synagoga and Eccclesia in Our Time" ein eindrückliches Bild der Verbundenheit von Juden und Christen. Gemeinsam lernen, miteinander ins Gespräch kommen – Koffman hat mit seinem Werk jüdische und christliche Lerntraditionen in ein dialogisches Miteinander gebracht. Pfarrer Friedhelm Pieper hat die Skulptur 2016 anlässlich einer Konferenz des International Council of Christians and Jews auf dem Campus der Saint Joseph's University in Philadelphia (USA) aufgenommen. Foto: Friedhelm Pieper

Versöhnung feiern
Jom Kippur beziehungsweise Buße und Abendmahl

Nach Tagen der Buße und Umkehr feiern Jüdinnen und Juden an Jom Kippur Versöhnung mit Gott. Christinnen und Christen erfahren Erneuerung durch Umkehr zu Gott. In Buße und Abendmahl feiern sie Gottes Gegenwart und bitten um Frieden und Versöhnung. Geschenkter Neuanfang.

Teil 8

Umkehr und Versöhnung

Maximilian Feldhake, Rabbiner in Celle, und Kathrin Oxen, Pfarrerin in der Kaiser-Wilhelm-Gedächtnis-Kirche in Berlin, im Gespräch über Jom Kippur beziehungsweise Buße und Abendmahl. Über Besinnung, Umkehr, die offene Tür zum Himmel und den Geschmack des Reichs Gottes.

Herr Rabbiner Feldhake, warum beginnt das jüdische Neujahr eigentlich im Herbst?
FELDHAKE: Mit dem Neujahrsfest Rosch Haschana, „Kopf des Jahres", beginnt das jüdische Jahr stets im September/Oktober am 1. und 2. Tischri nach dem jüdischen Kalender, in diesem Jahr der 7. und 8. September. Das Datum hängt mit dem Beginn des Agrarwirtschaftlichen Jahres zusammen. Es gibt übrigens noch drei weitere Neujahre: Neujahr für die Könige, Neujahr für die Bäume und Neujahr für die Tiere.

10 Tage später, am 10. Tischri, ist Jom Kippur, der Versöhnungstag. Was bedeutet diese Zeit für die Beziehung zwischen Gott und Mensch?
FELDHAKE: Die Zeit zwischen Rosch Haschana und Jom Kippur nennen wir die zehn ehrfurchtsvollen Tage, hebräisch: Jamim Noraim. Primär geht es in diesen Tagen um meine Beziehung zu meinen Mitmenschen. Habe ich bewusst oder unbewusst Menschen in meinem Umfeld verletzt? Wie kann ich das wieder gutmachen? Ein weiteres zentrales Thema ist: Wir leben nicht ewig. Einige von uns werden nächstes Jahr nicht mehr da sein, dann ist Versöhnung nicht mehr möglich. Davon ist in dem berühmten jüdischen Pijut (Gebet), Unetaneh Tokef, die Rede. Wer wird nächstes Jahr noch sein? Im Grunde genommen geht es darum.

Frau Pfarrerin Oxen, ist das Abendmahl ein Buß-Fest?
OXEN: Beim Abendmahl ist der Bezug zur Buße gegenüber der Feier der Gemeinschaft und Erinnerung in den Hintergrund getreten. Das Thema Buße wird, anders als im Judentum, am Jahresende bedacht. Wir begehen drei ernste Tage: den vorletzten Sonntag des Kirchenjahres, auch Volkstrauertag, den Bußtag und den Ewigkeitssonntag. Dass im Judentum diese Tage der Buße und der Hoffnung auf Versöhnung am Anfang des Jahres stehen, ist eine schöne Vorstellung: Man kann entlastet in das neue Jahr starten.

Buße weckt oft negative Assoziationen. Wo liegt der Schatz, Buße ablegen zu dürfen und umkehren zu können?
OXEN: Für mich ist das die Verheißung des Neuanfangs: dass es möglich ist, etwas hinter sich zu lassen. Oft schleppt man ungelöste Konflikte und eigene Schuld mit sich herum. Aber wenn du es dir eingestehst und es bereust, gibt es auch einen neuen Anfang.

Was ist Jom Kippur eigentlich, der große Versöhnungstag?
FELDHAKE: Tatsächlich ist das der ehrfurchtsvolle Tag des Gerichts. Judentum ist eine heitere Religion. Am Jom Kippur ist das anders. Wir fasten 25 Stunden, verzichten auf Lederschuhe, Parfüm, auf Sex, Essen und Trinken, Duschen. Alles, was am Schabbat verboten ist, ist auch am Jom Kippur verboten und noch etwas mehr.

Wie drückt sich das liturgisch aus?
FELDHAKE: Die Liturgie ist bewegend und großartig. Du kannst nichts anderes tun außer: dich besinnen. Du sitzt in der Synagoge, betest unzäh-

lige liturgische Gebete, Pijutim. Du kannst nichts anderes machen an Jom Kippur außer dich fragen: Was habe ich getan?

Welche Rolle spielt das Kol Nidre Gebet in dieser Liturgie?
FELDHAKE: Das Kol Nidre, „alle Gelübde", ist ein Widerruf aller Gelübde, Eide und Versprechungen gegenüber Gott, die unwissentlich oder unüberlegt von jetzt an im nächsten Jahr abgelegt werden. Man braucht nur die ersten klagenden Töne zu hören, dann spürt man sofort die Stimmung von Jom Kippur.

Inwiefern kann das Abendmahl ein Versöhnungsfest sein?
OXEN: Wenn wir zu diesem Tisch kommen und alles zurückbleibt, was uns von anderen und von Gott trennt. Dieses bedingungslose Kommendürfen hat mit Umkehr und Versöhnung zu tun. In meiner reformierten Tradition ist das Abendmahl eine Erinnerung an die Tischgemeinschaften Jesu mit Zöllnern und Sündern. Alle waren willkommen. Niemand wurde gefragt, was er ist oder getan hat. Wenn wir beim Abendmahl jeden mit seinen Unzulänglichkeiten willkommen heißen, strahlt das Versöhnung aus.

Welche Elemente des Abendmahls würden Sie heute stark machen?
OXEN: In unserer Kirche stehen wir im Kreis und feiern in Corona-Zeit mit Einzelkelchen, obwohl uns das eigentlich widerstrebt. Wir feiern unsere Gemeinschaft, die Gegenwart und die Erinnerung an Jesu Mahl, seine Reinszenierung und die Feier als Hoffnung auf das große Freudenmahl. Manchmal bildet die Liturgie diesen Weg ab: Erinnern, Feiern, Ausblick auf die Zukunft.

Wo können Sie da anknüpfen oder setzen Sie im Judentum noch andere Akzente bei Jom Kippur?
FELDHAKE: Teschuwa, Umkehr, ist ein zentrales Thema im Judentum. Aber Sünde und Buße verstehen wir ganz anders. Es ist wünschenswert, dass man für die Sünde Buße tut, aber es ist nicht unbedingt erforderlich. Wir sind alle fehlbare Menschen. Es geht um einen Prozess im Leben, sich ständig zu prüfen.

Nimmt der Begriff Teschuwa diesen Prozess auf?
FELDHAKE: Ja. Umkehr zu Gott ist nicht nur auf Jom Kippur beschränkt. Das kann an jedem Tag erfolgen. Umkehr hat mit der Ausrichtung des Lebens zu tun. Wir beschäftigen uns viel zu wenig mit den Fragen: Wer bin ich, wie verhalte ich mich, was kann ich tun, um das zu verbessern? Deswegen legen wir am Jom Kippur den Schwerpunkt auf diesen sehr einfachen, aber wichtigen Prozess. Um das Jenseits geht es dabei gar nicht.

Aber entscheidet sich nicht zwischen Rosch Haschana und Jom Kippur, ob man ins Buch des Lebens eingeschrieben wird?
FELDHAKE: Klar, wir sagen, an Rosch Ha-Schana wird man ins Buch des Lebens oder ins Buch des Todes eingeschrieben. Und beim Neïla, dem Abschlussgebet am Jom Kippur, wird das zu Rosch Ha-Schana geschriebene göttliche Urteil besiegelt. Wenn sich bei diesem Gebet die geöffneten Türen des Aron ha-Kodesch, des heiligen Toraschreins, langsam schließen, bedeutet das symbolisch: Auch das Tor des Himmels schließt sich langsam. Aber die Rabbiner sagen: Das Tor ist immer offen! Wir können immer umkehren.

Frau Oxen, welche Abendmahlsfeier hat Sie im Blick auf diesen Weg besonders berührt?
OXEN: Beim Abendmahl auf Kirchentagen finde ich immer toll, wie viel Mühe man sich macht, damit wirklich jede und jeder mitfeiern kann. Es sind so viele Menschen guten Willens beieinander mit wunderbarer Musik, alle sind fröhlich und gelöst. Ich denke besonders an das Abendmahl auf der Elbwiese in Wittenberg beim Kirchentag 2017.

Da höre ich Festfreude, Vorgeschmack auf das Reich Gottes?
OXEN: Ja, genau. Den Opferkult im Tempel als Buße gibt es nicht mehr. Was ist stattdessen an die Stelle des Opfers im Judentum getreten?
FELDHAKE: Man hat aus dem Opferkult das Gebet zum zentralen Kult des Judentums gemacht. Schon beim Propheten Micha heißt es: Das Werk der Liebe ist mir viel lieber als tausend Widder (Micha 6,7+8). Die Rabbiner ersetzten den Tempeldienst, den Awoda und Korban, das Opfer, mit drei Dingen: mit der Tora, mit dem Gebet und mit guten Taten. Wir verlegen den Opferkult in die Synagoge, den Tempel im Kleinen.

Auch wenn der Tempel nicht da ist, so habe ich doch das Gebet, die Tora und die guten Taten, mit denen ich mich mit Gott in Beziehung setze und Gott mit mir.
FELDHAKE: Genau. Wir reparieren die Welt in Zusammenarbeit mit Gott. Nicht nur Gott tut alles, wir sind auch verpflichtet, dabei aktiv zu werden.

Frau Oxen, wenn das Opfer so etwas wie gottgewollte Lebenshingabe ist, kann das mit dem Abendmahl verbunden werden?
OXEN: Unsere Abendmahls- und Passionslieder sind durchzogen von der Sühnopfer-Vorstellung. Gott muss irgendwie gnädig gestimmt werden und Jesus hat das für uns erledigt. Das ist schwer zu vermitteln. Eins der wenigen neuen Passionslieder „In einer fernen Zeit gingst du nach Golgatha" interpretiert Jesu Sterben für uns anders: Es enthält die Zeile „Du weißt, was Leiden ist". Jesus erlebt stellvertretend, was wir an Leiden erleben. Gott erlebt selbst Leid und Verlassenheit am eigenen Leibe. Deswegen ist niemand von uns Menschen mit solchen Erfahrungen allein. So kann ich den Gedanken des stellvertretenden Leidens in einer neuen Interpretation verstehen. Aber dafür müsste ich 500 Jahre Abendmahlstradition abstreifen können.

Wie würden Sie Versöhnung von Gott und Mensch beschreiben?
OXEN: Versöhnt-sein ist ein Zustand, für den wir nichts tun müssen, weil er schon da ist. Weil Gott sich entschieden hat, uns das anzubieten. Wir haben es nicht in der Hand und müssen es nicht selber machen, sondern es widerfährt uns. Die Versöhnung im Abendmahl oder bei der Buße geschieht uns in der Sündenvergebung oder im Erlebnis des Abendmahls.

Wie geschieht Versöhnung aus jüdischer Perspektive?
FELDHAKE: Du umarmst den, dem du Unrecht getan hast. Und du bittest ihn um Verzeihung. Für mich ist die Geschichte von der Versöhnung Jakobs mit Esau die wichtigste in der Tora, weil sie die allermenschlichste ist. Jakob hatte seinen jüngeren Zwillingsbruder um das Erstgeburtsrecht betrogen. Es geht nicht um Gott dabei, sondern um die Beziehung zwischen Brüdern. Bei Versöhnung geht es in der Tora vor allem um Menschen. Und du hast ein Problem mit Gott und mit anderen Menschen, wenn du andere schlecht behandelst.

Das Gespräch führte Andreas Goetze, landeskirchlicher Pfarrer für den Interreligiösen Dialog der EKBO.

Kathrin Oxen ist Pfarrerin an der Kaiser-Wilhelm-Gedächtniskirche in Berlin-Charlottenburg.
Foto: privat

Maximilian Feldhake ist Gemeinderabbiner in Celle. Seit 2015 ist er im Vorstand der Gesellschaft für Christlich-Jüdische Zusammenarbeit in Potsdam.
Foto: Tobias Barniske/Jewiki

kurz und knapp

Eine jüdische Stimme

Versöhnung feiern

Rosch Haschana und Jom Kippur gelten als die Hohen Feiertage des Judentums, denn an ihnen werden Fragen von Leben und Tod verhandelt. „Wer wird leben und wer wird sterben?", fragt ein bekanntes Gebet, das zum jüdischen Neujahr und zum Versöhnungstag gesagt wird. Die dazwischenliegenden Zehn Tage der Umkehr werden als eine Zeit des Gerichts verstanden, in der Gott über unsere Fehler und Versäumnisse richtet und dementsprechend ein Urteil zu einer guten oder einer düsteren Zukunft über uns verhängt. Wir bemühen uns, diesen Richterspruch zu unseren Gunsten zu beeinflussen, indem wir selbstkritisch unser Leben betrachten, unsere Verfehlungen erkennen und uns ändern.

Doch es genügt nicht, zu Gott um Vergebung zu flehen. Unrecht und Verletzungen, die wir anderen Menschen zugefügt haben, müssen wir selbst in Ordnung bringen: Zu diesen Menschen hingehen, um Verzeihung bitten und auch Verzeihung gewähren, den Schaden wiedergutmachen, steht als religiöses Gebot nicht hinter Gebet und Fasten zurück. Erst dann können wir auf Versöhnung hoffen und einen Neuanfang mit Gott, mit unseren Nächsten und auch mit uns selbst wagen.

Ulrike Offenberg

Eine christliche Stimme

Leben für dich und lebenslange Umkehr

Das Abendmahl ist ein Fest der Offenbarung Gottes. Rituell verdichtet erscheinen die Ursprungsmomente christlichen Weltverständnisses: Tod und Auferstehung Jesu, Schöpfung und Erlösung. Bruchstückhaft nur lässt sich das zur Sprache bringen. Denn das „Wort im Anfang", der schöpferisch sprechende Gott, der in Christus Mensch wurde, starb am Kreuz. Mit ihm verschied die Verständlichkeit der Welt. Aus diesem Abgrund des Todes aber kommt uns Gott entgegen, stiftet neuen Sinn. Im Abendmahl geschieht Auferstehung – als Hoffnung, Wahrheit und Leben jenseits des Sagbaren. Das Abendmahl holt das Christusereignis in die Gegenwart. Christus hat sein Liebesopfer einmal vollzogen – damit ist alles für alle Zeit gesagt. Nunmehr verwirklicht sich christliche Religion im Glauben an das, was geschehen ist: Für dich gestorben. Abendmahl heißt: Sich in dieses „Für dich" zu fügen. Dies geschieht in der Gemeinschaft derer, die sich versammeln zum Essen und Trinken. Sie feiern mit Christus bereits jetzt in der neuen Welt sein Festmahl. Gegenwart und Zukunft Gottes fallen in eins.

Das Abendmahl steht für eine lebenslange Umkehr. Es ist eine Wegzehrung. Der Mensch, der sich in Schuld und Entfremdung selbst verloren hat, erfährt Vergebung und Neuanfang. Im Abendmahl schmecken wir das süß werdende Brot auf der Zunge. Im Einfachsten sind wir gehalten – als Wesen in der Schwebe, gefallen und erhoben von Gott in einem Augenblick.

Christian Lehnert

→ Impulse für das Gespräch und Texte zum Vertiefen

Hast du schon mal jemanden sehr enttäuscht, einen Fehler sehr bereut und am liebsten ungeschehen gemacht? Hast du schon einmal jemandem verziehen, der dir weh getan hat? Wenn du dich mit jemandem versöhnen möchtest, wie machst du das?

Biblischer Kontext: 2. Mose 19; 3. Mose 23,27; Jesaja 1,18; das Buch Jona (wird am Jom Kippur in den Synagogen gelesen); Hebräer 9,4 und 10,14; Lukas 22,19–20; 1. Korinther 11,26

→ Wusstest du schon ...

... dass am Jom Kippur in Israel das komplette öffentliche Leben stillsteht und in den letzten Jahren junge Leute die leeren Autobahnen für Fahrradausflüge nutzen?

Betende Juden in der Synagoge am Jom Kippur. Gemälde von Maurycy Gottlieb, 1878.
Foto: Grace Cohen Grossmann, Jewish Art, CC0/via Wikimedia

Das Abendmahl ist gelebte Gemeinschaft. Erinnern, versöhnen und gemeinsam glauben – Stärkungen für den Alltag.
Foto: Eugenio Albrecht, CC0

All die guten Gaben
Sukkot beziehungsweise Erntedank

Das Laubhüttenfest Sukkot erinnert an das Überleben in der Wüste und feiert den Abschluss der Ernte. Christinnen und Christen danken für die Ernte und bitten um Bewahrung der Schöpfung. Die Erde ist uns allen anvertraut. Feiern for Future!

Teil 9

Dank unterm Palmendach

David Maxa, Rabbiner in Prag sowie in Liberec und Děčín, und Katrin Rudolph, Superintendentin in Zossen-Fläming, im Gespräch über Sukkot beziehungsweise Erntedankfest. Über Dankbarkeit, Unsicherheit und Solidarität.

Herr Rabbiner Maxa, Schana tova! Lassen sie uns Ihnen zunächst nachträglich noch ein gutes neues Jahr (5782) wünschen. Der Herbst färbt schon wieder kräftig die Blätter bunt in Stadt und Land. Verbunden ist die Jahreszeit im jüdischen Leben mit dem Laubhüttenfest und im christlichen mit dem Erntedankfest. Und einmal mehr spüren wir: Wir sind uns „näher als du denkst". Würden Sie mit uns gleich mal eine Hütte bauen?
MAXA: Laubhütten sind bis heute meist einfache Behausungen aus Stoff, Plastikplanen oder Holz, sie können aber auch an eine Hauswand oder Garage gebaut oder in einen vorhandenen Raum integriert werden. Man braucht eigentlich nur drei Wände. Und die Wände kann man dekorieren. Für das Dach bräuchte man eigentlich Palmenblätter, wie es sie in Israel überall gibt, man kann aber auch normale Blätter verwenden. Wichtig ist: Durch das durchlässige Laubdach müssen nachts die Sterne sichtbar bleiben. Aber man sollte sich Zeit lassen, um die Sukka (die Hütte) zu dekorieren, mit Früchten oder Bildern der Kinder. So kann man es sich gemütlich machen.

Was ist noch wichtig beim Leben in der Sukka, der Laubhütte?
MAXA: Wichtig ist das gemeinsame Essen in der Sukka. Es verbindet die Menschen und ist gut für das Gedenken an Vergangenheit, Gegenwart und Zukunft. Und die Kinder lernen durch das Essen, worum es geht. Und was ganz wichtig ist, dass man die Sukka gemeinsam mit anderen und mit Freude baut. Gemeint ist die Freude, die von innen kommt.

Warum bauen Juden eigentlich eine Hütte?
MAXA: Mit dem Sukkot wird an die Wüstenwanderung der Israeliten nach dem Auszug aus Ägypten gedacht. Unter Führung von Moses zog das Volk von Ägypten ins Gelobte Land, das Gott ihnen geschenkt hatte. Während dieser Zeit hatten die Juden keine festen Häuser. Sie bauten Zelte auf. Um an diese Zeit zu erinnern, errichten die Juden zum Sukkotfest Laubhütten, hebräisch Sukkot. In der Sukka wird gegessen, gefeiert und geschlafen.

Frau Rudolph, welche Bedeutung hat das Erntedankfest für Christen?
RUDOLPH: Das Erntedankfest hat seine besondere Bedeutung darin, sich einmal im Kirchenjahr bewusst zu machen, dass wir das, was uns umgibt und von dem wir leben, nicht uns selbst verdanken. Uns bewusst zu machen, dass wir uns anderen verdanken, spielt eine wichtige Rolle in unserer Frömmigkeit und unserem Bezug zu Gott und der Welt.

In welcher Form zeigt sich das?
RUDOLPH: Ganz konkret zeigt sich dies über die geschmückten Kirchen mit den Erntegaben. Vor allem in den Städten hat sich dies ja sichtbar verändert. Wir haben dort zwar auch Erntegaben, wie man sie vom Feld holen würde, aber noch einmal stärker Gaben, die konserviert

sind, damit man sie auch weitergeben kann. Weil dieses Fest in guter Tradition nicht nur die Gaben vor Gott bringt, sondern nach dem Fest an Bedürftige und Einrichtungen weitergibt, die sie wiederum verteilen.

Dankbarkeit für die gute Ernte und der Wunsch, in Einklang mit der Natur zu leben, ist auch im Jüdischen ein Markenzeichen des Laubhüttenfestes. Rabbiner Maxa, auch Sie bitte ich um ein paar einführende Sätze zur Bedeutung von Sukkot.
MAXA: Eine wichtige Rolle spielt bei Sukkot die Emotion von Dankbarkeit. So steht es im Buch Deuteronomium: Das Laubhüttenfest sollst du sieben Tage lang feiern, nachdem du das Korn von der Tenne und den Wein aus der Kelter eingelagert hast. Und dieser Feiertag ist damit verbunden, dass man aus dem Buch Kohelet liest. Das Fest Sukkot ist aber auch von dem Gefühl der Unsicherheit unseres Lebens geprägt.

Wie empfinden Sie diese Unsicherheit?
MAXA: Das Buch Kohelet wird nicht zufällig zu Sukkot gelesen in dem es heißt, dass alles Mühen auf der Welt einem Windhauch gleichzusetzen ist. Zu Sukkot geht es auch um die Instabilität des Seins. Als das Volk Israel durch die Wüste wanderte, lebte es in flüchtigen „Behausungen", das Leben war verletzlich und ganz abhängig von der Natur und Gottes Schutz. Für mich sind die Unsicherheit und die Verbindung mit der Natur sehr wichtig. Wir verlassen die Sicherheit des Hauses, die geschützten Räume, die wir kennen. Wenn wir nach draußen gehen und in der Natur leben, begeben wir uns ins Ungewisse. Niemand weiß, was passiert.

Im jüdischen Kalender hat gerade das neue Jahr begonnen und gleich zu Beginn stehen drei wichtige Feiertage: Rosch Ha-Schana, Neujahr, Jom Kippur, Versöhnungsfest und Sukkot, Laubhüttenfest. Bringen Sie uns diese Tage doch einmal näher.
MAXA: Das Laubhüttenfest beginnt fünf Tage nach Jom Kippur, dem Tag der Versöhnung. Zwischen dem Neujahrsfest und dem Versöhnungstag liegen zehn Tage. Es sind Tage der Selbstreflexion und eine Zeit der wichtigsten spirituellen Erfahrungen. Und dann beginnen wir einfach neu. Fünf Tage danach ist Laubhüttenfest. Es ist mit der schon erwähnten Unsicherheit verbunden, nicht zu wissen, was im neuen Jahr auf uns zukommt. Die Botschaft ist auch: Nutze die Möglichkeiten, dich in der Sukka mit Freunden zu treffen und Dankbarkeit und Freude – auch für eine gute Ernte – zu teilen.

Während wir Christen einmal im Jahr Erntedank feiern, feiern die Juden mehrmals im Jahr die Ernte.
MAXA: Das stimmt. Pessach, Schawout und Sukkot sind auch mit der Ernte verbunden. Das ganze jüdische Festjahr hat mit den Ernten und der Landwirtschaft in Israel zu tun.
RUDOLPH: Auch in der christlichen Liturgie des Sonntagvormittags ist der Grundgedanke ja angelegt, dass wir uns nicht selbst verdanken. Wir werfen am Anfang des Gottesdienstes immer alles, was uns belastet, Gott vor die Füße mit der Bitte, dass er es aufnimmt und uns Kraft gibt für die nächste Woche.

Wie wird Erntedank heute gefeiert?
RUDOLPH: Erntedank wird oft als Familiengottesdienst gefeiert. Das hat auch damit zu tun, dass gerade das Zusammentragen der Früchte etwas sehr Haptisches hat. Man kann gut über die Symbolik arbeiten. Das finde ich sehr schön und setzt dem etwas entgegen, dass Stadtkinder oft nicht mehr wissen, woher die Milch eigentlich kommt oder wo das entstanden ist, was sie auf dem Teller haben. So ist das Erntedankfest in den letzten Jahren und Jahrzehnten zu einem Fest geworden, das den Zusammenhang zwischen uns und der Natur wieder herstellt.

Spielt die Bewahrung der Schöpfung auch eine Rolle beim Erntedankfest?
RUDOLPH: Das Erntedankfest hat sich in den letzten Jahren zu einem Fest etabliert, das zur Bewahrung der Schöpfung aufruft. Was ich ganz wunderbar finde ist, wie Zossen – eine Kleinstadt in Brandenburg, in der ich jetzt lebe – Erntedank feiert. Es gibt hier einen Markt von regionalen Betreibern. Er findet einmal im Monat statt. Zum Abschluss der Saison gibt es zu Erntedank einen Open-Air-Gottesdienst. Die Marktbetreiber – die oft nichts mit Kirche zu tun haben – feiern dann mit der Gemeinde diesen Gottesdienst mit.

Ist der neue Geist beim Erntedankfest auch der, Konservendosen für Obdachlose und Plüschtiere zum Altar zu bringen und Erntedank zu einem „Event" an Grundschulen zu machen?
RUDOLPH: Ja, das stimmt. Gleichzeitig merke ich, dass es Unterschiede gibt, wie Erntedank in der Stadt und hier bei uns im ländlichen Raum gefeiert wird. Die Nöte der Bauern in den Blick zu nehmen, spielt hier noch einmal eine größere Rolle und wird auch unser Miteinander in den kommenden Jahren beschäftigen. Aber es ist gut, dass sich der Charakter des Erntedankfestes zwischen Stadt und Land unterscheidet. Die Feste sollten so gefeiert werden, dass sie der Lebenswelt der Menschen entsprechen.

Welche Rolle spielt Solidarität beim Laubhüttenfest?
MAXA: Das Konzept „Zedaka" bedeutet, dass Juden verpflichtet sind zu geben und gute Gaben an Menschen weiterzugeben, die bedürftig sind. Zedaka leitet sich vom hebräischen Wort „Gerechtigkeit" ab und ist ein religiöses Muss, das auch mit jedem Feiertag und mit jedem Schabbat verbunden ist. Und eigentlich ist es so, dass man die Gäste einladen – hereinbitten – sollte. Das kann man sehr schön in Jerusalem, Tel Aviv und anderen Städten sehen, wo man viele Laubhütten hat, in die man die Gäste bitten kann.

Das Gespräch führte Jörg Trotzki, Nachrichtenredakteur bei Radio Paradiso und freier Journalist.

Dr. Katrin Rudolph ist seit 2018 Superintendentin des Evangelischen Kirchenkreises Zossen-Fläming. Foto: privat

David Maxa ist Absolvent des Abraham-Geiger-Kollegs und Rabbiner der Jüdischen Gemeinde in Prag seit 2020. Foto: privat

kurz und knapp

Eine jüdische Stimme

All die guten Gaben

Bunt geschmückte Laubhütten, aus denen das Klappern von Geschirr und Singen nach draußen dringen, sind das Zeichen für Sukkot. Dieses siebentägige Fest mit seinen vielen Farben und Symbolen wirkt wie ein Kontrast zu den gerade erst zu Ende gegangenen Hohen Feiertagen ganz in Weiß. Und doch führt uns auch das sinnenreiche Sukkot vor Augen, dass wir nicht die Kontrolle über unser Leben haben und wie wenig in unseren Händen liegt. Darum erinnert uns die Nachahmung der provisorischen Behausungen während der Wüstenwanderung daran, dass wir auf den Schutz Gottes angewiesen sind. Die Wände der Laubhütte sind dünn, durchlässig zur Welt, man hört alle Geräusche ringsum, und sie bieten keinen Schutz gegen Kälte und Gefahren.

Sukkot drückt auch den Dank für die Früchte des Feldes und des Gartens aus. Die Ernte ist eingebracht, erst jetzt ist Zeit zum Feiern. Es ist üblich, Gäste in die Laubhütte einzuladen – Familie, Freunde und Nachbarn, aber auf eine imaginäre Weise gesellen sich zu uns auch bedeutende Gestalten der Bibel und der jüdischen Geschichte. Sie alle helfen uns, das wichtige Gebot des Festes zu erfüllen: fröhlich zu sein und sich über den Reichtum in unserem Leben zu freuen.

Ulrike Offenberg

Eine christliche Stimme

Für die Ernte danken und um ein solidarisches Miteinander bitten

Zum Erntedankfest sind die Kirchen und Altäre mit allerlei Früchten des Feldes bunt geschmückt. Gottes reichhaltige Schöpfung wird sicht- und greifbar. An diesem Fest steht der Dank für die Gaben der Natur im Mittelpunkt. Dahinter steht die Erfahrung, dass sich der Mensch nicht sich selbst verdankt. Die christliche Tradition sieht – ebenso wie die jüdische Tradition – Gott als den Schöpfer der Welt, der ihr Leben und Nahrung schenkt. Gleichzeitig erinnert das Fest daran, dass die Gaben der Schöpfung gerecht verteilt werden sollen.
In der liturgischen Feier des Erntedankfestes werden die Erntegaben, die den Altar schmücken, gesegnet, wird für die Ernte gedankt und um ein solidarisches Miteinander mit den Notleidenden gebetet. Im Anschluss werden die Gaben, die den Altar schmücken, häufig an bedürftige Menschen verschenkt.
Neben den Gottesdiensten ist das Erntedankfest von einem sehr reichen und regional unterschiedlichen Brauchtum geprägt. So gibt es Umzüge, Prozessionen und Erntetänze sowie Stadt- oder Dorffeste, bei denen das gemeinsame Essen und Trinken eine große Rolle spielt.

Christiane Wüste

All die guten Gaben 63

→ **Impulse für das Gespräch und Texte zum Vertiefen**

Empfindest du Dankbarkeit, wenn du ein gutes Essen genießt? Wem gegenüber? Wie drückst du sie aus? Teilst du gern mit anderen? Wenn du in einem Zelt oder in einer Hütte draußen übernachtest, was ist anders als zu Hause?

Biblischer Kontext: das Buch Kohelet (wird an Sukkot in den Synagogen gelesen); 3. Mose 23,40; 5. Mose 16,13–15; Psalmen 113–118; Sacharja 14; Markus 8,1–9; Lukas 12,15–21; Lukas 17,11–19

→ **Wusstest du schon ...**

... dass man durch das Dach der Laubhütte die Sterne sehen soll? Daher sind die Dächer „löchrig".

Moderne Interpretation einer Laubhütte, der Sukka.
Foto: Ron Almog, CC BY-SA 2.0/ via Wikimedia

Erntedankgaben vor dem Altar zu Beginn eines Erntedank-Gottesdienstes.
Foto: Ursula Paczkowski, CC0/ via Wikimedia

Erinnern für die Zukunft
Sachor beziehungsweise 9. November

Die biblische Aufforderung „Sachor" bedeutet „erinnere dich". Am 9. November gedenken Christinnen und Christen der Pogrome von 1938, Jüdinnen und Juden gedenken am Jom HaSchoah der Ermordeten. Wir brauchen die Erinnerung an das Unrecht, um Zukunft zu gestalten – ohne Antisemitismus. Geh denken!

Teil 10

Erinnern und neu lernen

Alexander Nachama, Landesrabbiner Thüringens, und Marion Gardei, Beauftragte der EKBO für Erinnerungskultur und gegen Antisemitismus, über die Bedeutung des Erinnerns, die Umkehr und Einsichten, die immer wieder neu errungen werden müssen.

Herr Nachama, was bedeutet der 9. November für die jüdischen Gemeinden in Deutschland?
NACHAMA: An dem Tag begibt man sich meist an den Ort, wo früher die Synagoge stand. Oft wird auch der 6 Millionen Männer, Frauen und Kinder gedacht, die in der Schoa ermordet wurden. In Erfurt versammeln wir uns auf den Friedhof am Denkmal für die Ermordeten der Schoa. Ministerpräsident und Oberbürgermeister halten Gedenkreden, als Rabbiner spreche ich ein Gebet. Viele Gemeindeglieder kommen, aber auch Menschen aus der Stadt, denen das nahegeht. Ich halte es für sehr wichtig, dass man diesen Tag ganz bewusst begeht.

Ist das ein Gedenken für die jüdische Seite oder die Gesellschaft?
NACHAMA: Beides. Es ist ein Gedenken für die jüdische Gemeinde. Manche Gemeindeglieder haben vielleicht auch Vorfahren, die den 9. November 1938 miterlebt haben. Ich finde es aber auch wichtig, dass Politiker aus der ersten Reihe daran teilnehmen, weil es zeigt, dass der Anlass ernst genommen wird.

Wie geht die Kirche damit um?
GARDEI: In der Kirche ist der 9. November mit der neuen „Ordnung der gottesdienstlichen Texte und Lesungen" (OGTL) 2018 als regulärer Gottesdienstanlass in das Kirchenjahr aufgenommen worden. Damit ist er auch ein kirchlicher Feiertag mit einem eigenen Gottesdienstformular. Darüber freue ich mich sehr. Die Erinnerung an den 9. November hatte und hat an der Basis der christlichen Gemeinden bereits ihren Platz, so dass man bei der Neugestaltung der Perikopenordnung daran nicht vorbeigehen konnte. Ich hoffe auch, dass sich viele Gemeinden daran beteiligen.

Welche Rolle spielt das Gedenken?
GARDEI: Die Kirche erhob am 9. November 1938 ihre Stimme nicht, abgesehen von einigen Ausnahmen. Umso wichtiger ist es, diesen Tag heute nicht zu vergessen und der Opfer zu gedenken. Das vereint jüdisches und christliches Gedenken. Wir müssen aber auch daran erinnern, dass die Kirche nicht wegsehen darf, wenn Unrecht geschieht. 400 jüdische Menschen wurden bei den Novemberpogromen ermordet und 30 000 ins Konzentrationslager deportiert. Das war der Auftakt zur mörderischen Verfolgung. Die Nazis haben zuvor in einer kleinen Stadt geprobt, um zu sehen, wie die Bevölkerung reagiert und ob die Kirchen dagegen aufstehen – nichts passierte. Deshalb konnten sie diese Aktion ungehindert im großen Stil durchführen.

Spielt es eine Rolle in der Kirche, sich in der Erinnerungskultur auf die jüdische Lehre zu beziehen?
GARDEI: Wir berufen uns wie unsere jüdischen Glaubensgeschwister auf das Mitleiden Gottes, das jede Art von menschlichem Erinnern begründet. Erinnern ist kein Selbstzweck. Es soll uns helfen, auf der Seite der Opfer und Unterdrückten zu stehen. Das ist gute biblische Tradition aus dem ersten Teil der Bibel, auf die sich das Neue Testament gründet.

Auf welchen Wurzeln der Tora baut das Gedenken auf?

Nachama: Sehr wichtig ist Amalek. Er griff die Israeliten nach der gelungenen Flucht aus Ägypten durch das gespaltene Meer an. Die ägyptischen Verfolger waren ertrunken und die Israeliten wähnten sich in Sicherheit. Der unverhoffte Angriff galt den müden Israeliten am Ende des Zuges, er traf die Schwachen, Frauen und Kinder. Die Amalekiter wurden so zum Begriff des Feindes insgesamt. Im 5. Buch der Tora heißt es dazu: Man soll sich dessen erinnern, was Amalek getan hat, aber zugleich soll sein Andenken ausgetilgt werden, damit es keine Nachahmer findet.

Wessen wird gedacht und wie getrauert?

Nachama: Das Judentum ist keine Gedenk- und Trauerreligion. Fast alle Festtage sind Freudentage. Aber es gibt einige Gedenktage im jüdischen Kalender, die mehrerer Ereignisse gedenken. Am 9. Av – Tischa B'av gedenken wir der Zerstörung der beiden Tempel, aber auch weiterer Katastrophen. Zum Beispiel an den jüdischen Bar-Kochba-Aufstand gegen das Römische Reich von 132 bis 136 vor der Zeitrechnung, aber auch der Pogrome 1096 in Speyer, Worms und Mainz oder der Vertreibung der Juden aus England 1290 und aus Spanien 1492, der Pogrome in Osteuropa im 19. und 20. Jahrhundert. Die Trauer ist mit Fasten verbunden. Man isst und trinkt nicht, vermeidet alles, was freudig ist, trägt keine schöne Kleidung, keine Lederschuhe. Im Gottesdienst lesen wir Texte, die mit den Ereignissen zu tun haben, Klagelieder oder Jeremia.

Welche Funktion hat das Gedenken?

Nachama: Zu erinnern und zu trauern. Wir trauern um den Verlust, der mit diesem Datum verbunden ist: die beiden Tempel oder – auf den 9. November bezogen – alle Synagogen.

Zum jüdischen Gedenken gehört es, an die Namen der Verstorbenen zu erinnern. Ist das erst mit dem 9. November entstanden?

Nachama: Beim individuellen Gedenken an Verstorbene aus der Familie geht man auf den Friedhof, zündet eine Kerze an, spricht ein Gedenkgebet. Wenn ich gefragt werde, gehe ich gern mit. Bei kollektiven Ereignissen, die mit Trauer verbunden sind, fehlen oft die Namen. Am 9. November ist das anders. Es gibt Gedenklisten und Namen. In einigen Städten werden sie gelesen, wie in Berlin oder in Dresden. Jeder Name zählt. Kein Name wird vergessen. Wir erinnern uns tatsächlich an jeden Einzelnen, jede Einzelne.

Welche moderne Form des Gedenkens erleben Sie?

Nachama: In Erfurt recherchieren jedes Jahr Schülerinnen und Schüler einzelne Biografien und erzählen davon. Ein schönes Beispiel, wie man sich der Menschen erinnern kann. Die Schüler lernen nicht nur Daten und Zahlen, sondern entdecken Gemeinsamkeiten: Der spielte auch Geige, so wie ich. Da entsteht eine persönliche Verbindung. Das ist gerade in Bezug auf die junge Generation wichtig.

Wie ist der Umgang mit Verstorbenen im evangelischen Sinne?

Gardei: Unserer Toten gedenken wir in der Hoffnung, dass sie nicht verloren, sondern bei Gott geborgen sind. Deswegen heißt der Totensonntag, obwohl er im Volksmund immer noch so genannt wird, eigentlich Ewigkeitssonntag. Wir besinnen uns darauf, dass unser Leben nicht nur ein Ende hat, sondern ein Ziel. Dass wir bei Gott ankommen. Dazu gehört in neuerer Tradition auch das Erinnern der Namen. Die meisten Gemeinden lesen die Namen der Verstorbenen des letzten Jahres vor und laden dazu die Angehörigen ein. Angehörige schmücken die Gräber und stellen ein Licht auf als Zeichen der Hoffnung.

Gibt es auch im Neuen Testament ein Erinnerungsgebot?

GARDEI: Das Erinnerungsgebot ist im Neuen Testament auch aufgenommen. Nachdem Jesus von den Toten auferstanden war, erinnerten sich die Jünger und Jüngerinnen an das, was sie mit ihm erlebt haben. In einem anderen Evangelium sagt der Auferstandene: Geht zurück nach Galiläa, zurück zum Anfang. Erinnert euch, was ihr mit Jesus erlebt habt. Überlegt, was das für euer Leben bedeutet. So bekommt ihr Antworten, wie ihr leben sollt.

Wie nehmen wir die Vergangenheit in die Zukunft mit?
GARDEI: Erinnern ist mehr als das Rezipieren von Vergangenem, es hat das Potenzial, etwas neu zu schaffen. Das Erinnerungsgebot, das Rabbiner Nachama ansprach im Zusammenhang mit Amalek, ist auch mehr als bloßes Erinnern. Wir erinnern uns, um daraus zu lernen: Wie kann ich heute durch mein Handeln darauf Antwort geben? Gerade, was den 9. November angeht. Warum wurden Juden auf der Welt schon immer verfolgt? Was müssen wir heute ändern?

Welche Lehren zieht die Kirche?
GARDEI: Es geht immer noch darum, die eigene antijüdische Tradition aufzuarbeiten. Der Grund dafür ist an manchen Stellen im Neuen Testament gelegt. In der Kirchengeschichte ging es bis in die Gegenwart damit weiter, dass man seinen christlichen Glauben vor der Negativfolie des Jüdischen darstellte. Juden wurden unter Generalverdacht gestellt mit furchtbaren, aberwitzigen Unterstellungen wie Hostienschändung, Gottesmord und Brunnenvergiftung. Wir haben das als Kirche überwunden. Aber der politische Antisemitismus und der christliche Antijudaismus haben eine größere Schnittmenge, als wir das geglaubt haben.

Woran denken Sie dabei?
GARDEI: In der antisemitischen Nazizeitung „Der Stürmer" arbeiteten sie mit genau den christlichen Mustern der Judendiskriminierung. Bei den neueren antisemitischen Bewegungen wie QAnon, eine mutmaßlich US-amerikanische Person oder Gruppe, die seit 2017 Verschwörungstheorien mit rechtsextremem Hintergrund im Internet verbreitet, entdeckt man auch diese Raster. Das heißt: Wir haben schon eine Umkehr vollzogen durch den christlich-jüdischen Dialog, aber wir müssen diese Einsicht in jeder Generation neu erringen. Auch kulturhistorische Relikte der Vergangenheit wie „Judensauen" und andere schlimme Darstellungen in christlichen Kirchen sind ein Zeichen, dass wir überhaupt noch nicht fertig sind mit der Aufarbeitung. Als Antisemitismusbeauftragte will ich hier die eigenen blinden Flecke sichtbar machen.

Was wünschen Sie sich an Lehren aus dem Gedenken von der Gesellschaft und der Kirche?
NACHAMA: Die heutige Generation hat keine Schuld, aber eine Verantwortung. Jegliche antisemitische Tendenz auch im eigenen Umfeld muss angesprochen werden. Jeder ist aufgefordert, hinzuhören, nicht wegzuhören, etwas zu unternehmen, nicht zu verdrängen. Ich habe bisher keine antisemitischen Anfeindungen erlebt. Aber man sollte nicht warten, bis jeder seine Geschichte dazu erzählen kann. Es passiert viel zu häufig.

Das Gespräch führte Esther Hirsch, Kantorin und theologische Referentin im House of One.

Marion Gardei ist Pfarrerin, Beauftragte der EKBO für Erinnerungskultur und gegen Antisemitismus.
Foto: Sabeth Stickfort/EKBO

Alexander Nachama ist thüringischer Landesrabbiner mit Schwerpunkt in Erfurt. Foto: Bernd Schwabe/CC BY-SA 4.0/via Wikimedia

kurz und knapp

Eine jüdische Stimme

Erinnern für die Zukunft

Brennende Synagogen, zerstörte Einrichtungen, Morde und Massenverhaftungen – die Reichspogromnacht des 9. November 1938 war ein Wendepunkt in der deutsch-jüdischen Geschichte. In der Erinnerungskultur jüdischer Gemeinden hierzulande ist dieses Datum zentral. Gemeinsame Geschichte ist identitätsstiftend, aber welches Selbstverständnis lässt sich aus erlittener Verfolgung und Vernichtung beziehen? Und wie gedenkt man der Schoa, der kaltherzig von Menschen begangenen monströsen Verbrechen, das unser Verstehen übersteigt? Sachor, Erinnern und Gedenken, gehört zum Kern des Judentums und drückt sich in charakteristischen liturgischen Praktiken aus. Klagelieder und Gebete wie Kaddisch und El Malé Rachamim sind jahrhundertealte Ausdrucksformen von Trauer und Gedenken, die weiterhin benutzt werden, ohne damit der Schoa eine religiöse Deutung beizulegen. Daneben bezieht jüdische Erinnerungskultur heute eine Vielfalt anderer Formen ein, wie Zeitzeugenberichte, Kunstwerke, Namenslesungen. Auch unterschiedliche biographische Zugänge wirken sich auf die Gestaltung des Erinnerns aus: Überlebende gedenken anders als die Generation ihrer Enkel, aus der früheren Sowjetunion zugewanderte Juden bringen wieder andere Narrative mit. Einig sind sich alle darin, das „Sachor!" „Gedenke!" fortzutragen und lebendig zu halten.

Ulrike Offenberg

Eine christliche Stimme

Erinnerung als Umkehr

„Zwei und ein halbes Jahr stritten die vom Lehrhaus Schammais mit denen des Lehrhauses Hillel über die Konsequenzen des bösen Tuns der Menschen. Die einen sagten: Es wäre dem Menschen dienlicher, wenn er nicht erschaffen worden wäre. Die anderen sagten, es ist dem Menschen dienlicher, dass er erschaffen worden ist. Sie stimmten ab und kamen zu dem Schluss: Es wäre dem Menschen zwar dienlicher, er wäre nicht erschaffen worden, da er nun aber erschaffen sei, soll er seine Geschichte bedenken und sein Tun in der Zukunft" (Babylonischer Talmud, Eruvin 13 b).
Ein hochaktueller uralter Text, der für die Frage nach Wegen der Erinnerung und des Gedenkens als Ausgangstext nicht nur am 9. November taugt. Zukunft ist Erinnerung und alle Versuche, ohne den Prozess die eigene „Geschichte zu bedenken", „zu tun", also handlungsfähig zu werden, werden scheitern. Dabei macht dieser Text auch eine Orientierung deutlich, ohne die Erinnerung nicht auskommt. Denn wie wir auch wissen, ist Erinnerung nicht per se auf eine Zukunft in Gerechtigkeit und Frieden ausgerichtet. Es gibt auch Erinnerung an vergangene durch Gewalt entstandene Größe oder eben auch leider Erinnerungen an die Nazizeit, die sich nach so einer germanischen Herrschaft sehnen, oder nach einem weißen Europa.
Biblisch geht es aber um die Vermeidung von gewaltvollem bösen Tun. Es geht um Erinnerung, die Ernst macht mit der Ebenbildlichkeit Gottes aller Menschen und damit eben der Teilhabe und der Gleichwertigkeit aller Menschen. Nun ist der Talmud kein christlicher Text. Dass wir ihn überhaupt als Christ:innen wertschätzend wahrnehmen, ist wohl auch ein Ergebnis von Erinnerung. Erinnerung daran, dass unsere Kirchengeschichte vor Missachtung und Gewalt gegen Juden nur so strotzt und dass wir uns von dieser Missachtung abkehren müssen – Erinnerung als Umkehr. Denn diese eigene Gewaltgeschichte zu bedenken und danach zu tun, führt uns in einen demütigen und wertschätzenden Zugang zu jüdischem Denken und zu der Frage, warum musste diese Schwester im Glauben, das Judentum, von Christ:innen so abgewertet, diskriminiert und verfolgt werden. Diese Frage ist am 9. November heute besonders naheliegend. Denn Erinnerung ist Aufruhr auch gegen die eigenen bis in die Gegenwart wirksamen judenfeindlichen Traditionen. Solche Erinnerung gestaltet Zukunft. Gehen wir denken und tun danach.

Christian Staffa

Erinnern für die Zukunft 69

→ **Impulse für das Gespräch und Texte zum Vertiefen**

Kann ein Mensch ohne Erinnerungen leben? Was weißt du über den 9. November 1938? Warum ist es wichtig, an ihn zu erinnern? Kann man aus der Erinnerung an ihn etwas für heute lernen?

Biblischer Kontext: 5. Mose 25,17–18; Klagelieder Jeremia

→ **Wusstest du schon …**

… dass der Duden-Verlag 2022 einen „Duden" zu Antisemitismus in der Sprache herausbrachte? Das Buch hat 80 Seiten, kostet 8 Euro und ist unter der ISBN 978-3-411-75679-7 erhältlich.

Im Jüdischen Museum Halberstadt sind Koffer deportierter Juden aus der Zeit des Nationalsozialismus zu sehen.
Foto: Sibylle Sterzik

Die Stolpersteine, ein Projekt des Künstlers Gunter Demnig, das 1992 begann, erinnern an das Schicksal der Menschen, die im Nationalsozialismus verfolgt, deportiert, vertrieben und ermordet wurden.
Foto: CC0/via Wikimedia

Wundervoll
Chanukka beziehungsweise Weihnachten

Während Chanukka wird jeden Tag eine Kerze mehr am Leuchter angezündet. Licht in der Dunkelheit erinnert an das Licht-Wunder im Jerusalemer Tempel. In der dunklen Jahreszeit feiern Christinnen und Christen die Geburt Jesu, der als Licht in die Welt kommt. Gott zeigt sich in den Wundern des Lebens. Hoffnung, die immer wieder neu entzündet wird!

Teil 11

Mehr als ein Glitzermeer

Zsolt Balla, Rabbiner in Leipzig und Militärbundesrabbiner, und Heiner Koch, Erzbischof des Bistums Berlin, über das Lichterfest Chanukka und das Weihnachtsfest. Über falsche Vermischung, Licht und Dunkelheit, den Wettbewerb um Geschenke und Stoppzeichen für die Gesellschaft.

Herr Rabbiner Balla, was ist Ihre schönste Erinnerung an das Chanukka Ihrer Kindheit?
BALLA: Ich kann mich bis zu meinem 9. Lebensjahr an kein Chanukka erinnern, denn meine Familie lebte säkularisiert. Bei uns wurde Weihnachten gefeiert, wie in vielen jüdischen Familien der früheren Ostblockländer. Als ich 11 oder 12 Jahre alt war, zündeten wir zu Hause das erste Mal die Chanukka-Kerzen an, aber mehr nebenbei. Es dauerte viele Jahre, bis wir statt Weihnachten Chanukka feierten. Meine Kinder erleben das heute ganz anders.

Wie erleben es Ihre Kinder?
BALLA: Meine Kinder warten schon lang im Voraus auf Chanukka. Und dann sind sie glücklich, wenn wir die Chanukka-Kerzen zu Hause in der Familie anzünden. Dies zu Hause zu feiern, ist eines der wichtigsten Rituale. Wenn die Chanukka-Kerzen brennen, wird nach alter Tradition nicht mehr gearbeitet, solange sie leuchten. Das bedeutet: Wir haben Zeit miteinander zu sprechen, Lieder zu singen und die Kinder mit kleinen Geschenken und Süßigkeiten zu erfreuen.

Erklären Sie uns bitte auf einfache Weise das jüdische Fest Chanukka.
BALLA: Es gibt eine sehr gute Zusammenfassung von allen jüdischen Feiertagen: „Sie versuchten uns zu vernichten, wir haben gewonnen, lasst uns essen!" So ist es auch bei Chanukka. Im 2. Jahrhundert vor unserer Zeitrechnung wurden die Juden unter der Herrschaft der Griechen zur Assimilation gezwungen. Sie versuchten, die jüdische Religion abzuschaffen und uns zur Anbetung der griechischen Götter zu zwingen. Beim Aufstand der Makkabäer befreiten jüdische Kämpfer innerhalb von zwei Jahren den Tempel in Jerusalem wieder. Das feierten sie. Das ist die Zusammenfassung des Chanukkafestes.

Herr Erzbischof, welche besondere Kindheitserinnerung haben Sie an Weihnachten?
KOCH: Die erste Erinnerung ist für mich der Adventskalender. Mit ihm habe ich zählen gelernt, wenn ich jeden Tag ein Türchen öffnete. Meine Mutter machte die Türchen immer wieder zu und ich öffnete sie wieder und suchte dabei die Ziffern. So lernte ich sehr schnell die Zahlen 1 bis 24. Die zweite Erinnerung ist der Weihnachtsbaum. In der Adventszeit stand er irgendwann draußen auf dem Balkon. Als er reingeholt wurde, wusste ich: Jetzt wird Weihnachten. Die dritte Erinnerung: Wir haben sowohl die Adventszeit als auch die Weihnachtszeit zu Hause gefeiert, gesungen und gebetet. An den Adventssonntagen zündeten wir die Adventskerzen an, setzten uns zu Weihnachten dann um den Baum und sangen Lieder. Als kleiner Junge habe ich schon damals eine kleine Andacht für die Familie vorbereitet.

Weihnachten war vermutlich auch ein gottesdienstliches Fest?
KOCH: Für mich als Messdiener gehörte die Christmette auf jeden Fall dazu. Erst danach kam die Bescherung, das Zusammensein unter dem Baum. Diese Zeit war für mich im Laufe des Jahres eine Kernzeit des Glaubens, ein Glaubensfest: Gott wird ein Kind. Das war für mich phänomenal.

Wie würden Sie Weihnachten einem Unkundigen erklären? Was ist der Kern des Festes?
Koch: Viele Menschen feiern Weihnachten, ohne seinen ursprünglichen Inhalt zu kennen. Es geht Weihnachten um Gott. Wie wir Gott auch an diesem Tag ins Gespräch bringen, ist in unserer Zeit – genauso wie bei Chanukka – eine Heraus-forderung. Viele Menschen haben rudimentäre Erinnerungen an die Weihnachtsgeschichte. Da knüpfe ich an. Ebenso an die Dunkelheit, die Sorgen der Menschen und erzähle, was mir das Weihnachtsevangelium bedeutet: dass Gott für uns da ist und wir nicht allein sind. Wenn wir den Kern von Weihnachten nicht zur Sprache bringen, verlieren wir das Weihnachtsfest in unserer Gesellschaft ganz.

Wie lautet für Sie in drei Sätzen die Kernbotschaft von Weihnachten?
Koch: Es gibt einen Gott. Er lässt uns nicht allein. Auch nicht nach unserem Tod.

Herr Rabbiner, stört Sie dieser Weihnachtsrausch zwischen Glitzermeer und Festtagsbraten, in dem wir uns gesellschaftlich im Dezember befinden?
Balla: Ich bin glücklich, wenn die Gesellschaft die religiösen Feiern ernst nimmt. Aber die Kommerzialisierung ist leider kein Ernstnehmen des Feiertages. Wenn nicht mehr die spirituellen Inhalte das Wichtigste sind, sondern der kulturelle Druck, immer größere Geschenke zu kaufen, finde ich das problematisch. Ich bin überzeugt, Geschenke für Kinder haben nichts mit Chanukka zu tun.
Koch: Ich möchte das trotzdem positiv aufnehmen. Wir können ein Stoppschild setzen, auch wenn wir wissen, dass viele es missachten. Ein Beispiel: Beim Chanukkafest 2020 am Brandenburger Tor hielt der Vorsitzende der Jüdischen Gemeinde Berlin vor dem Regierenden Bürgermeister ein klares Plädoyer für die Verbindung von Juden und Christen: „Wir müssen gemeinsam in dieser Stadt die religiösen Zeichen, den Stern der Hoffnung und das Kreuzzeichen lebendig halten. Wenn die Kreuze aus der Stadt verschwinden, dann verschwindet auch der Judenstern." Wegen solcher Botschaften sind ein öffentliches Chanukkafest und das öffentliche Feiern von Weihnachten für diese Gesellschaft wichtig. Nutzen wir die Chance!

Wie erleben Sie den Konsumrausch? An jeder Straßenecke hören wir „Ihr Kinderlein kommet". Verweist das auf die Botschaft des Festes oder lenkt es ab?
Koch: Mit Geschenken anderen Freude zu machen, finde ich eine tolle Sache. Wobei ich denke: Wir feiern zu Weihnachten Geburtstag, aber an das Geburtstagskind denkt keiner. Die Gäste feiern, beschenken sich gegenseitig, aber das Geburtstagskind kriegt nichts. Das müssen wir aufgreifen.

Wie zum Beispiel?
Koch: Vor zwei Jahren packten wir in Kaufhäusern Geschenke mit Geschenkpapier ein, auf dem die Weihnachtsgeschichte in der Stadt Berlin dargestellt war. Plötzlich entdeckten die Menschen, dass die Krippe am Brandenburger Tor stand und der Esel am Reichstag. So kamen wir mit vielen ins Gespräch. Auch Nichtchristen feiern und organisieren Feiern etwa für Obdachlose. Die Gemeinschaft St. Egidio lädt am Ersten Weihnachtstag zu einem Festessen ein für Ältere, Migranten, Arme – wunderbar. Viele junge Menschen helfen mit. Weihnachten gibt positive Impulse. Und wir feiern viele gute Gottesdienste. Weihnachten ist für mich vor allem ein Tag des Dankes an Gott. Das ist für mich das Wichtigste.

Herr Rabbiner, es gibt ja das Wort von Weihnukka – ist heute die Abgrenzung zwischen Chanukka und Weihnachten wichtig oder eher die Verbindung?
Balla: Diese Art der Vermischung von Feiertagen finde ich nicht gut. Wenn man gleichzeitig viele Identitäten hat, verliert man Identität. Ich denke, dass wir als Glaubensgemeinschaften den

ursprünglichen Inhalt feiern sollten. Gleichzeitig muss ich anerkennen, dass es bei vielen Familien einen anderen Bedarf gibt.

Koch: Eigentlich ist das Chanukkafest ein Fest gegen die Assimilierung. Der Tempel wurde als griechischer Tempel missbraucht. Dagegen wendet sich das Fest. Ich bin auch gegen eine falsche Vermischung. Auf der anderen Seite leben gerade wir Christen von vielen Riten, Gesten, Ämtern, Zeichen, die wir aus der jüdischen Religion übernommen haben. Es wurde ja nicht plötzlich im Jahr Null am schwarzen Brett alles neu erfunden. Es gibt Gemeinsamkeit mit der jüdischen Gemeinschaft, die bleibt, ohne dass ich die Differenz nivellieren will.

Was können Christen vom Chanukkafest lernen?

Koch: Das Erste: Es ist ein Fest, dass Gott in den Mittelpunkt stellt, der in der Geschichte bei den Menschen, bei seinem Volk ist. Das finde ich eine ganz großartige Erinnerung und Herausforderung. Zweitens: Es gibt viele Formen in diesem Fest, die wir als Christen teilen, wie das Anzünden des Lichts in der Dunkelheit. Wir feiern beide Feste mitten in den dunkelsten Tagen des Jahres. Das hat doch eine tiefe Bedeutung. Das Dritte: Beides sind Feste der Erwartung und der Hoffnung, keine Feste des Jubels. Auch damals ist viel Leid geschehen, viel Elend, Christus ist in der Nacht geboren, musste bald flüchten, das sind ja keine lieblichen Feste des Sieges. Aber es sind Feste der Erwartung und der Hoffnung, dass wir auf einem Weg in eine gute Zukunft, zur Erlösung sind. Die Hoffnung ist die Hauptbotschaft, die wir in unsere heutige Gesellschaft hineinbringen können. Dass es mehr gibt, als das, was für uns erfahrbar und erforschbar ist. Das Hoffnungspotenzial unserer beiden Religionen macht sich an beiden Festen enorm fest.

Herr Rabbiner, was kann man als Jüdin und Jude von der Weihnachtsgeschichte lernen?

Balla: Ich denke, nichts Spezielles. Aber die Botschaft der Hoffnung an die Gesellschaft und dass wir alle zusammengehören, ist eine universalistische Nachricht.

Sehen Sie diesen universalistischen Anspruch auch in diesen Festen begründet?

Balla: Nicht nur das. Nach der talmudischen Tradition feierte schon der erste Mensch, Adam, diese Zeit. Dort heißt es: Drei Tage nach der kürzesten Nacht des Jahres am 21. Dezember, verstand Adam, dass das Licht zurück zur Welt kommt. Und feierte mit Eva am 24. Dezember, weil er eine Hoffnung sah. Das finde ich eine sehr schöne Botschaft für alle von uns.

Haben Sie für unsere Leserinnen und Leser einen Tipp für ein kleines Geschenk zu Weihnachten und Chanukka?

Koch: Schenken Sie jemandem, den sie liebhaben, etwas Zeit. Denn Gott ist in die Zeit gekommen.

Balla: Auch ich möchte, dass wir einander unsere größte Quelle, unsere Zeit, schenken. Damit wir miteinander ins Gespräch kommen.

Das Gespräch führte Volker Resing, Publizist und Ressortleiter Berliner Republik bei Cicero, Magazin für politische Kultur

Dr. Heiner Koch ist Erzbischof des Bistums Berlin. Er wuchs in Düsseldorf auf. Foto: Martin Rulsch, CC BY-SA 4.0/via Wikimedia

Zsolt Balla ist orthodoxer Rabbiner in Leipzig und Militärbundesrabbiner in Berlin. Er stammt aus Budapest. Foto: Orthodoxe Rabbinerkonferenz

kurz und knapp

Eine jüdische Stimme

Wundervoll

Wenn ringsum alle Zeichen auf Advent und Weihnachten stehen, feiern Jüdinnen und Juden Chanukka. Acht Tage lang wird das jüdische Lichterfest begangen, das an den Aufstand der Makkabäer gegen die Griechen im 2. Jahrhundert vor unserer Zeitrechnung erinnert. Nach schweren Kämpfen wurde der geschändete Jerusalemer Tempel erobert und wiedereingeweiht. Ein kleines Ölkrüglein reichte wundersam aus, um den Leuchter acht Tage lang am Brennen zu halten. Darum zünden Jüdinnen und Juden an der achtarmigen Chanukkiah jeden Tag ein Licht mehr an, bis am achten Tag alle acht Kerzen brennen. Die wachsende Kraft des Lichts strahlt Hoffnung aus und lässt die Dunkelheit weichen.

Chanukka ist ein Fest der kulturellen Selbstbehauptung. Beim abendlichen Lichterzünden versammeln sich Familie und Freunde; sie stellen die Chanukka-Leuchter ins Fenster, um der Welt von Gottes Wundern zu erzählen. Singen, spielen, Geschenke für die Kinder und in Öl gebackene Köstlichkeiten wie Latkes und Pfannkuchen machen jeden Abend zu einem Fest.

Ulrike Offenberg

Eine christliche Stimme

Obdachsuche und wunderbare Geburt

„Und sie gebar ihren ersten Sohn und wickelte ihn in Windeln und legte ihn in eine Krippe; denn sie hatten sonst keinen Raum in der Herberge." Wenige Sätze, und eine ganze Geschichte steht vor dem inneren Auge. Eine Geschichte von Obdachsuche und Heimat, von wunderbarer Geburt und großen Verheißungen, die in der Nacht aufleuchten. Es ist das Evangelium, das in der Heiligen Nacht in den Kirchen gesungen wird.

Das Weihnachtsfest hat eine lange Geschichte und ist in den Kirchen der Christenheit unterschiedlich ausgeprägt. Am 25. Dezember ist es in Rom erst seit dem Jahr 336 bezeugt. Von Ägypten her kommt das Fest Epiphanie, die Erscheinung des Herrn vor der Schöpfung, das in den Ostkirchen im Zentrum des Weihnachtsfestes steht. Deshalb wird an diesem Tag eine feierliche Segnung des Wassers begangen.

Im Westen wiederum ist das Epiphaniefest am 6. Januar mit der Ankunft der „Heiligen drei Könige" verbunden, den Vertretern der Völker vor dem König in der Krippe.

Natürlich stellen sich alle Christinnen und Christen eine Geschichte vor, am liebsten die innigste, die mit der Kindheit verbunden ist. Vielleicht ist sie die wahrste. Denn sie verbindet mit dem Staunen über die wundervolle Botschaft: „Die Gnade Gottes ist erschienen um alle Menschen zu retten" (Titus 2,11).

Margareta Gruber OSF

→ **Impulse für das Gespräch und Texte zum Vertiefen**

Wie feiert ihr zu Hause Weihnachten/Chanukka? Habt ihr einen festen Brauch? Was gibt es zu essen? Hat das Fest für dich persönlich eine Bedeutung? Was gibt dir Hoffnung?

Biblischer Kontext: die Makkabäerbücher, besonders 1. Makkabäer 4,51–54; Jesaja 7,14 und 11,10; Lukas 2; Matthäus 2; Johannes 4,22; Epheser 2,14

→ **Wusstest du schon ...**

... dass auch zu Chanukka gerne Gänsebraten zubereitet wird? Der Grund ist das viele anfallende Fett, das früher in den Leuchtern verbrannt wurde.

Chanukka-Leuchter mit neun Kerzen.
Foto: PB, CC0

Adventskranz in der katholischen Pfarrkirche Mariä Heimsuchung in Hohenschambach.
Foto: Dalibri, CC BY-SA 4.0/ via Wikimedia

Ritual für das Leben
Brit Mila beziehungsweise Taufe verbunden mit Namensgebung und Namenstag

Brit Mila, die Beschneidung neugeborener Söhne, symbolisiert im Judentum den Bund mit Gott. Für die Mädchen bekräftigt die Feier der Namensgebung die Zugehörigkeit zum Bund. Im Christentum besiegelt die Taufe die Aufnahme in die Gemeinschaft mit Jesus Christus und der Kirche. Auf ewig verbunden!

Das Monatsplakat **Ritual für das Leben** (Teil 12) ist thematisch verbunden mit dem Monatsplakat **Beim Namen gerufen** (13). Dazu entstand ein gemeinsames Gespräch.

Identitätsmarker für alle

Theresa Dittmann, Pfarrerin in Berlin, und Jehoschua Ahrens, Rabbiner in Darmstadt, über Brit Mila, die Beschneidung, die Taufe und die Namensgebung. Über Identitätsmarker, gelebte Spiritualität, lebendiges Wasser und die Frage, warum Jesus jüdisch sein musste.

Die Brit Mila, das Ritual der Beschneidung, steht am Anfang eines jüdischen Lebens für Jungen. Wie würden Sie mit einfachen Worten die Bedeutung der Brit Mila erklären?
AHRENS: Brit Mila heißt „Beschneidung des Bundes". Brit, auf Hebräisch: der Bund, auf Deutsch: Testament. Die Brit Mila ist das physische Zeichen des Bundes, den das jüdische Volk mit Gott hat. Abraham und seine Söhne sind die ersten, die dieses Zeichen der Bescheidung tragen. Sie bekommen es als Teil des Bundes Gottes aufgetragen (1. Mose 17,9–14).

Braucht der Bund so ein Zeichen?
AHRENS: Eigentlich könnte man sagen, wenn ich an Gott glaube, müsste das ausreichen. Aber wir Menschen brauchen etwas, weil Gott nicht sichtbar ist. Durch solche Zeichen wie die Brit Mila spüren wir Gott und die Verbindung zu ihm besser.

Wie feiert man die Brit Mila?
AHRENS: Nach dem 8. Tag der Geburt werden Jungen beschnitten, Mädchen nicht. Ein Mohel, ein ausgebildeter Experte, bereitet das nach den heutigen hygienischen und medizinischen Standards vor. Meist bekommt das Baby eine Creme auf die Haut, so dass es keinen Schmerz spürt. Der Vater und der Mohel sprechen Segenssprüche, manchmal auch der Rabbiner. Dann wird der Schnitt gemacht. Damit ist die Zeremonie schon vorbei. In wenigen Tagen ist alles so gut wie verheilt.

Erhält der Junge mit der Brit Mila auch den Namen?
AHRENS: Ja, man ruft offiziell den Namen des Kindes aus. Das ist ähnlich wie bei der Taufe. Danach feiert die Familie das wichtige Ereignis.

Wer sucht den Menschen aus, der das Kind halten darf?
AHRENS: Der Sandak, auf Jiddisch Kvatter, der Begleiter des Kindes, hält es dem Mohel zur Beschneidung entgegen. Nicht ganz dasselbe wie ein Taufpate, aber auch jemand, der sehr verbunden ist mit der Familie.

Welcher ist Ihr persönlicher Lieblingsmoment bei der Taufe als Pfarrerin?
DITTMANN: Ich mag den Moment, wenn das Wasser feierlich und deutlich sichtbar ins Taufbecken gegossen wird. Das darf plätschern und spritzen. Taufe ist von Anfang an mit einem Wasserritus verbunden. Das soll zu sehen, zu hören, zu erkennen sein!

Und als Mutter?
DITTMANN: ... die schöne Tradition des Taufverses! Eltern und Pat:innen geben dem Täufling ein Bibelwort mit, das den weiteren Lebens- und Glaubensweg begleiten kann. Damit verbindet sich die Botschaft unseres Glaubens mit der konkreten Lebensgeschichte des Kindes oder des Erwachsenen.

Ein paar Tropfen Wasser – was ist nach der Taufe anders?
DITTMANN: Heutzutage sind es ein paar Tropfen, Taufen heißt aber Untertauchen. Das war es in den ersten Jahrhunderten auch. Paulus deutet die

Taufe als große Verheißung: Wie Christus getauft, begraben und auferweckt wurde, so wird es auch an uns geschehen. Der Wasserritus lässt das leiblich nachvollziehen.

Ging das im Taufritus verloren?
Dittmann: Das, was früher leibhaftig im Untertauchen erfahrbar war, versuchen wir heute mit vielen Worten zu erklären. Die Ambivalenz von Wasser als Lebenskraft und Lebensbedrohung ist nicht mehr unmittelbar anschaulich. Viele Eltern wollen heute diesen Wasserritus wieder erleben, indem sie ihre Kinder zum Beispiel in einem Fluss taufen lassen.
Ahrens: Das wäre eine Parallele. Nur nicht zu Brit Mila, sondern zur Mikwe, dem jüdischen Tauchbad zur rituellen Reinigung. Unser Thema müsste eigentlich lauten: Taufe beziehungsweise Mikwe. Denn die Mikwe ist die Urform der Taufe.

Inwiefern?
Ahrens: Das Wasser in der Mikwe ist lebendiges Wasser. Es muss von einer Quelle oder von einem Fluss stammen. Bei der spirituellen Reinigung tauche ich symbolisch unter und das lebendige Wasser bringt mir das Leben. Das frühe Christentum hat das auf Jesus übertragen, da geht es auch um Tod und Leben. In die Mikwe geht man selber und taucht unter. Johannes, der die Leute untertauchte, bekam den Spitznamen „der Tunker", weil das komisch war. „Täufer" ist falsch übersetzt.

Welche Parallelen haben die Feste?
Ahrens: Beide sind wichtige Rituale für die Zugehörigkeit zur Religionsgemeinschaft. Aber jüdisch ist das Kind sowieso. Beschneidung ist kein Initiationsritus. Selbst wenn ein jüdisches Baby nicht beschnitten würde, ist es trotzdem jüdisch. Nottaufen bei kranken Kindern wie früher im Christentum, damit sie im Falle ihres Todes Christen sind, gibt es im Judentum nicht.
Dittmann: Ja, auch die Taufe ist das sichtbare Zeichen für die verbindliche Aufnahme in die christliche Gemeinschaft. Auch die Taufe feiert und erwidert die tiefe Verbundenheit zu Gott; eine Verbundenheit, die immer schon da ist, eben weil ich Gottes Geschöpf und Ebenbild bin. Eine weitere Gemeinsamkeit ist die identitätsstiftende Kraft des Rituals. Das Sakrament der Taufe verbindet Christ:innen miteinander über alle Zeiten und Konfessionen hinweg.
Ahrens: Eine schöne Verbindung: Christinnen und Christen aus aller Welt sind durch die Taufe miteinander verbunden. Und Juden und Jüdinnen sind auch durch das Zeichen der Beschneidung verbunden. Als Unterschied möchte ich aber betonen: Judentum ist nicht nur Religion, sondern auch ein Volk. Jüdisch ist man auch, wenn man nicht glaubt und nicht beschnitten wird. Das ist anders als im Christentum. Da ist man ohne Glaubensbekenntnis und Taufe kein Christ.
Dittmann: Die Entsprechungen von Taufe und Brit Mila ergeben sich überhaupt erst nach Veränderungen in der christlichen Taufpraxis: Anders als bei der Beschneidung am achten Tag wurden in den ersten vier Jahrhunderten des Christentums üblicherweise Erwachsene getauft. Dem ging eine ausführliche Unterweisung voraus. Erst im frühen Mittelalter wurde die Taufe zu einem religiösen Ritual, das, wie die Beschneidung, an Säuglingen vollzogen wird.
Ahrens: Die Beschneidung ist anders als bei der Taufe ein Ritual nur für Jungen. Für die Mädchen gibt es eine Namensgebungszeremonie.

Wäre das Bekräftigen bei der Konfirmation und bei der Bar- oder Bat-Mizwa auch eine Parallele?
Ahrens: Da gibt es interessante Parallelen. Mit der Bar- oder Bat-Mitzwa gehöre ich als vollwertiges Mitglied zur Gemeinde. Ich bin selbst verantwortlich für meine Taten. Ich erhalte vorher den Bar- oder Bat-Mizwa-Unterricht. Und im Gottesdienst bekomme ich einen Aufruf zur Tora-Lesung.

Gibt es Rituale für Mädchen, um diesen festlichen Bund zu spüren?
Ahrens: Es gab Rituale für Mädchen schon fast immer. Was neu ist, dass man bei Mädchen auch

große Feiern macht. Bei der nächsten Tora-Lesung wird der Vater der Tochter aufgerufen zur Tora. Und ihr Name öffentlich genannt – als Teil der Liturgie.

Welche Bedeutung hat die Brit Mila im christlich-jüdischen Gespräch?
DITTMANN: Die Bedeutung der Brit Mila für das Christentum findet sich in Lukas 2. Unmittelbar nach der Weihnachtsgeschichte folgt der Hinweis auf die Beschneidung und die Namensgebung Jesu. Viele meinen, mit Beschneidung habe das Christentum nichts zu tun, aber natürlich ist Jesus als Jude gemäß der Tora beschnitten worden. Durch die Beschneidung stellt Jesus selbst die Verbindung zum Bund Gottes mit Abraham und Israel her. Und damit auch die unauflösliche Verbindung zwischen jüdischen und christlichen Menschen.
AHRENS: Es ist kein Zufall, dass die Jahre nicht ab dem 24. Dezember gezählt werden, sondern ab dem 1. Januar, dem Tag der Beschneidung: Seitdem ist Jesus im Bund. Man kann den christlichen Glauben nicht verstehen ohne Jesu jüdische Herkunft. Warum war Jesus jüdisch? Jesus war nicht für uns Juden der Messias, sondern er war für die nichtjüdischen Völker gedacht. Er musste aber aus dem Judentum kommen, weil nur das Judentum den einen Gott erkannt hat und Jesus ihn von da aus in die Welt bringen konnte. Durch den jüdischen Jesus ist auch die Kirche verbunden mit der Heilsgeschichte Israels. Christen sollen wissen, wo ihre Wurzeln liegen.
DITTMANN: Wie die Beschneidung ein Bundeszeichen ist, ist auch die Taufe aus christlicher Sicht ein Bundeszeichen. Durch die Taufe sind wir in den Bund Gottes mit dem Volk Israel hineingenommen. Die Taufe verbindet also nicht nur uns Christen untereinander. Sie beruft uns ebenso in die Beziehung zum Gott Israels und schafft damit die feste, ewig bleibende Verbindung zum jüdischen Volk. „Ich bin gezählt zu deinem Samen, zum Volk, das dir geheiligt heißt", heißt es in der zweiten Zeile des Tauflieds „Ich bin getauft auf deinen Namen" (EG 200).

Beschneidung wird kontrovers diskutiert. Wie nehmen Sie das aktuell wahr, Herr Ahrens?
AHRENS: Solche Themen wie Beschneidung oder Schächten köcheln immer. Da wird versucht, Kindswohl oder Tierwohl gegen Religionsfreiheit auszuspielen. Es wird so dargestellt, als wäre das gefährlich für das Kind. Dabei zeigen Studien, dass es sogar gut für die Gesundheit des Kindes ist. Im Grunde geht es darum, das Judentum – und vor allem Muslime, aus Deutschland oder Europa fernzuhalten. In solchen Debatten entsteht leider eine Allianz von Rechtsextremen, Verschwörungstheoretikern und militanten Antisemiten sowie liberal Denkenden, die behaupten, man brauche das nicht für eine moderne Religion. Sie verstehen nicht, was dahintersteckt: Religion lebt auch von den Ritualen und der Spiritualität. Wenn man das alles abschafft, bleibt keine Spiritualität mehr übrig.
DITTMANN: Polemik gegen die Beschneidung wird oft aus der Schublade geholt, um Juden zu bekämpfen. Das Judentum hat die Beschneidung auch durch Zeiten schlimmster Verfolgung hindurch bewahrt. Dass das so bleibt, dafür müssen wir Christ:innen mit einstehen!

Das Gespräch führte Paula Nowak, Studienleiterin für Religionspädagogik im Amt für Kirchliche Dienste.

Theresa Dittmann ist Pfarrerin in der Gemeinde Petrus-Giesensdorf und im Institut Kirche und Judentum in Berlin. Foto: gezett

Dr. Jehoschua Ahrens ist orthodoxer Rabbiner in Darmstadt und Vorstandsmitglied im Deutschen Koordinierungsrat der Gesellschaft für christlich-jüdische Zusammenarbeit. Foto: EKiR

Eine jüdische Stimme

Ritual für das Leben

Der Bundesschluss Gottes mit Abraham wurde durch die Beschneidung bekräftigt, als ewiger Bund für alle Generationen. Am achten Lebenstag soll jedes männliche Kind beschnitten und so in den Bund zwischen Gott und dem Volk Israel eingeführt werden. Falls der Säugling nicht völlig gesund ist, erfolgt die Brit Mila („Bund der Beschneidung") später. Teil dieses Rituals ist auch die Namensgebung und eine Festmahlzeit. Der Akt der Vorhautentfernung wird durch einen Mohel, einen dafür ausgebildeten Spezialisten, vorgenommen. In jüngster Zeit wurden auch für Mädchen Zeremonien entwickelt, mit der die Eltern ihre Tochter willkommen heißen und sie in Gottes Bund mit Abraham eintreten lassen. Das erfolgt nicht durch ein körperliches Bundeszeichen, sondern durch die Rezitation von Segenssprüchen und Bibelversen sowie die Namensgebung. Gleich ob Junge oder Mädchen, allen Kindern wünschen die Festtagsgäste, dass sie nach dem Eintritt in den Bund auch an die Tora, an die Gründung einer jüdischen Familie und an das Tun guter Werke herangeführt werden mögen.

Ulrike Offenberg

Eine christliche Stimme

Einmal getauft – immer getauft

Die Taufe steht am Anfang eines jeden christlichen Lebens. Sie begründet das Christsein und gibt Anteil am Leben Jesu Christi. Der Apostel Paulus schreibt, dass der Mensch in der Taufe mit Christus stirbt, aber auch mit ihm aufersteht und neues Leben gewinnt. (Römer 6,1–11) Daher gehört zur Taufe ein Bekenntnis zur Lebensweise Jesu und zu seinem Gott. Christus führt Menschen zur Gemeinschaft mit Gott und daher auch in einen Bund mit Gott. Die Gemeinschaft mit Gott spiegelt sich zugleich in der Gemeinschaft der Getauften, der Kirche.
Die Taufe ist – vom Ursprung her – für erwachsene Menschen, die sich entschieden haben, als Christ:innen zu leben, weil sie von der frohen Botschaft Jesu ergriffen wurden. Wenn ein Kind nach der Geburt getauft wird, so ist eine christliche Erziehung zu gewährleisten. In der Firmung bzw. der Konfirmation sagt der junge, erwachsene Mensch dann sein eigenes Ja. Die Taufe steht nicht nur am Anfang des Christseins. Sie prägt jeden Christen und jede Christin bis ans Lebensende. Einmal getauft, für immer getauft. Eine Taufe kann weder ungeschehen gemacht werden, noch braucht sie wiederholt zu werden. Weder ein formeller Kirchenaustritt noch ein Übertritt in eine andere Konfessionskirche hat auf die Taufe eine Auswirkung.

Christian M. Rutishauser SJ

Ritual für das Leben 81

→ Impulse für das Gespräch und Texte zum Vertiefen

Erinnerst du dich an deine Taufe und deinen Taufspruch und feierst du deinen Tauftag? Welche Religion, welchen Glauben hatte Jesus? Manche Leute kleben einen Fisch auf ihr Auto als Zeichen, dass sie Christ:innen sind. Teilst du auch mit jemandem, mit dem du verbunden bist, solche Symbole? Kennst du die Bedeutung des Rituals der Beschneidung im Judentum?

Biblischer Kontext: 1. Mose 17,9–14; Prediger 7,1; 5. Mose 29,9–14; Jesaja 43,1; Matthäus 11,29f.; Römer 1,7; 2,29; 6,1–11; Lukas 1,74f.; Matthäus 28, 19f.; Johannes 1,18; Lukas 2,21; Petrus 2,9

→ Wusstest du schon ...

... dass 10 bis 15 Prozent aller Männer weltweit beschnitten sind?

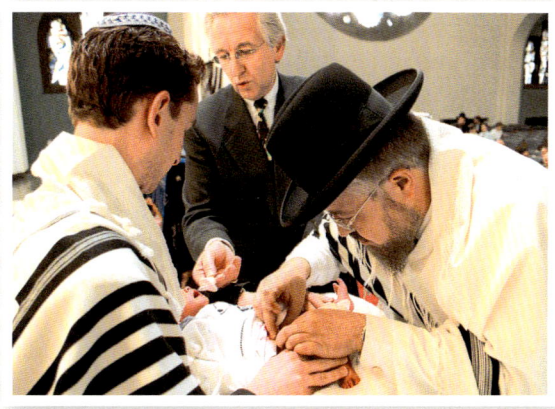

Ein Baby wird während einer jüdischen Beschneidungszeremonie in der Synagogengemeinde in Köln beschnitten.
Foto: Herby Sachs/epd

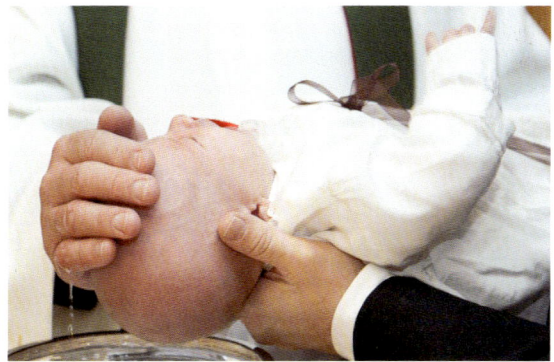

Taufe eines Babys in der Kirche.
Foto: PB, CC0

Umkehren zum Leben

Umkehren zum Leben beziehungsweise Antisemitismus ist Sünde

Die Passions- und Osterzeit war jahrhundertelang Pogromzeit. Jüdinnen und Juden wurden fälschlich für den Tod Jesu verantwortlich gemacht, gequält und ermordet. Christinnen und Christen müssen den Anfeindungen gegen Jüdinnen und Juden widerstehen. Als Geschwister die Treue Gottes bezeugen!

Teil 14

Auf Augenhöhe begegnen

Josef Schuster, Präsident des Zentralrats der Juden in Deutschland, und Christian Stäblein, Bischof der EKBO. Wo Antisemitismus anfängt, warum Kirchen Nachholbedarf haben und was sie sich für ein Miteinander wünschen, erklären beide im Gespräch.

Herr Schuster, wo fängt für Sie Antisemitismus an?
SCHUSTER: Antisemitismus fängt für mich da an, wo in Wort oder Tat Hass auf Juden gegenüber Juden oder Nicht-Juden oder in Bezug auf jüdische Einrichtungen zum Ausdruck gebracht wird.

Gibt es für Sie einen Unterschied zwischen Alltagsantisemitismus und einer noch schwereren Form von Antisemitismus?
SCHUSTER: Natürlich gibt es einen Unterschied zwischen dem Alltagsantisemitismus und sehr bewusst ausgesprochenen antisemitischen Beschimpfungen, Drohungen oder auch tätlichen Angriffen. Es beginnt mit antijüdischen Ressentiments, die auch die anderen Formen des Antisemitismus mit verursachen können. Insoweit ist jede Form von Antisemitismus Sünde, wie Sie es von christlicher Seite formulieren. Ich würde sagen: Antisemitismus ist ein Verbrechen.
STÄBLEIN: Ich will den letzten Satz unterstreichen: Antisemitismus ist ein furchtbares Verbrechen. Das zeigt die Geschichte und so ist es auch heute. „Antisemitismus ist Sünde" sagt auf religiöse Weise: Wer antisemitisch ist, trennt sich von Gott ab. Mir ist wichtig, dass wir das auch auf der juristischen Ebene deutlich benennen: Antisemitismus ist ein Verbrechen.
SCHUSTER: Darf ich da einhaken? Die Aussage „Antisemitismus ist Sünde", die ich unterstreiche, ist noch nicht so lange en vogue in den christlichen Kirchen. Die Zeit, in der Antisemitismus von Kanzeln gepredigt wurde, gab es nicht nur im Mittelalter.

STÄBLEIN: Ja, das ist leider absolut wahr. Wir haben eine lange und immer wieder aufzuarbeitende antijüdische Geschichte. Und dazu gehört, dass sich christliche Identität über zwei Jahrtausende dadurch konstituierte, dass sie das jüdische Gegenüber abwertete. Das begegnet uns bis heute, etwa wenn wir von „den Pharisäern" reden. Das Grundmotiv dabei ist: Ich grenze mich ab und setze Jüdinnen und Juden herab, um für mich eine Identität zu bestimmen. Oft werden Juden und Jüdinnen anhand von Klischees vorverurteilt und dann heißt es: „Das wird man doch wohl noch sagen dürfen ..."

Was sind die Ursachen dafür?
SCHUSTER: Was Pfarrer vor 90 oder 70 Jahren von der Kanzel gepredigt haben, erzählte die Urgroßmutter der Großmutter und diese ihren Kindern weiter. Und vor allem im ländlich geprägten Raum galt als richtig, was der Pfarrer sagte. Antijüdische Vorurteile wurden über Generationen weitervererbt. Und das ist heute nicht vorbei. Liegt es am mangelnden Wissen? Der Philosoph Theodor W. Adorno hat ja mal gesagt: „Antisemitismus ist das Gerücht über den Juden."

Dass man sich zu wenig kennt, ist das ein Grund?
SCHUSTER: Das spielt sicherlich eine Rolle. Auch heute werden jüdische Menschen vorwiegend nur in der Opferrolle gesehen, in Hinblick auf die Zeit von 1933 bis 1945. Umso mehr freue ich mich über das Festjahr 2021 „1700 Jahre jüdisches Leben in Deutschland". Sinn ist es ja

aufzuzeigen, wie selbstverständlich jüdisches Leben bereits über Jahrhunderte vor der Schoa war, wenn auch mit Brüchen. Und dass es heute wieder selbstverständlich sein sollte und es aktives jüdisches Leben quer durch deutsche Landen gibt.

Bischof Stäblein, wo haben die Kirchen noch Nachholbedarf?
Stäblein: Im Aufarbeiten antijüdischer Stereotype. Im Beschäftigen mit antijüdischen Mustern im Neuen Testament. Dazu gehört Sachkritik, Aufklärung und Bildung. Deshalb setze ich mich dafür ein, dass niemand Pfarrerin oder Pfarrer werden kann, der keine jüdischen Studien betrieben hat.

Immer noch wollen Christen Juden missionieren. Auch die Evangelische Kirche in Deutschland brauchte lange, bis sie dem 2016 eine Absage erteilte. Warum tut sich die Kirche da so schwer?
Stäblein: Weil das lange zu ihrer Identität dazugehörte. Aus dem Dual von Gesetz und Evangelium oder Altes und Neues Testament lässt sich ein Selbstverständnis bilden, bei dem man selbst besonders gut dasteht. Daraus hat sich christliche Tradition lange genährt. Ich bin froh, dass wir es geschafft haben, auch im Blick auf die Judenmission eine sehr eindeutige Erklärung der EKD hinzubekommen.

Auch wegen der Kirche und des Verhaltens von Christen war der Holocaust möglich. Muss jüdisches Leben heute immer mit und aus dieser Vergangenheit betrachtet werden?
Schuster: Ich würde sagen: auch aus der Vergangenheit. Als Arzt weiß ich: Wer einmal eine Lungenentzündung hatte, der reagiert auch schon bei einem Husten ein bisschen sensibler. Ich denke, es tut der deutschen Gesellschaft und konkret den Kirchen gut, sich dieses Negativkapitels in ihrer Vergangenheit in ihrem aktuellen Handeln zu erinnern.

Bischof Stäblein, Ihre Promotion trägt den Titel „Predigen nach dem Holocaust". Wie predigt man nach dem Holocaust?
Stäblein: Dazu gehört, die antijudaistischen Stereotype aufzuarbeiten und den jüdischen Partner als lebendiges Gegenüber wahrzunehmen. Es ist eine Ursünde der christlichen Theologie, dass sie über Jahrhunderte so tat, als gäbe es kein reales jüdisches Gegenüber mehr, nur in der Vergangenheit. Aus dieser heute völlig veränderten Haltung heraus wird die Predigt automatisch eine andere, weil sie sich nicht mehr über die Abwertung des Gegenübers definieren darf.

Wie lassen sich Verletzungen im Miteinander heilen?
Stäblein: Im miteinander Aushalten. Aber ich möchte hier keinem falschen Versöhnungsanspruch von christlicher Seite das Wort reden. Ich bin dankbar, dass Jüdinnen und Juden mich aushalten. Wenn wir am 9. November oder am 27. Januar des geschehenen Unrechts am jüdischen Volk gedenken, ist es für mich immer wieder ein Geschenk, wenn mich Rabbiner Andreas Nachama an so einem Tag mit in seine Synagoge nimmt und wir dort gemeinsam gedenken können.
Schuster: Ich denke, die Verletzungen heilen. Das A und O ist heute, dass wir uns auf Augenhöhe begegnen, sodass beide Seiten die Religion des anderen respektieren, wissend, dass es da einen Unterschied gibt. Dieser liegt nicht in der Ausprägung der Religionen, sondern in der einzigen Frage, inwieweit Jesus Christus der Erlöser war oder nicht. Aber das heißt nicht, dass wir deshalb unterschiedliche Werte leben.

Ist Deutschland ein guter Ort für Juden und Jüdinnen heute?

SCHUSTER: Ja. Wir haben eine sehr positive Entwicklung der jüdischen Gemeinden. Wir haben eine Regierung, die sich aktiv für jüdisches Leben in Deutschland einsetzt. Beim Blick über den Tellerrand sehe ich einige Länder, wo jüdisches Leben stärker bedroht ist als in Deutschland. Dennoch gibt es Antisemitismus. Es darf kein Normalzustand sein, wenn vor Synagogen ein Polizist stehen muss.

Bei jüdischem Leben denken manche Menschen an Männer mit schwarzen Hüten und langen Schläfenlocken. Können wir da schon von einer Selbstverständlichkeit jüdischen Lebens in Deutschland reden?
SCHUSTER: Ja und nein, sonst würde ich nicht sagen: Das Ergebnis des Festjahres „1700 Jahre jüdisches Leben in Deutschland" sollte sein, dass jüdisches Leben als selbstverständlich akzeptiert wird. Juden mit Schläfenlocken gibt es hier nur selten. Leider existieren viele Klischeevorstellungen, weil die meisten Bürger vermutlich gar keinen Juden kennen. Doch wir schaffen auch jenseits des Festjahres viele Möglichkeiten der Begegnungen, um Abhilfe zu schaffen.

Sollte es nicht so sein, dass man nicht sagt: Du Jude, du Christ, sondern einfach nur du Mensch?
STÄBLEIN: Selbstverständlich. Und ich freue mich sehr darüber, wie Dr. Schuster jüdisches Leben in Deutschland beschreibt als ein an vielen Stellen gutes und gut mögliches Leben.

Was wünschen Sie sich, was am Ende dieses Festjahres vielleicht bleibt?
STÄBLEIN: Dass dieses Feiern uns allen dazu helfen möge, die Vielfalt jüdischen Lebens in Deutschland fröhlich wahrzunehmen und für die Zukunft weiterzuentwickeln in partnerschaftlichem Miteinander – darüber wäre ich sehr froh und dankbar, ohne dass es an mir ist, hier Erwartungen auszusprechen.

SCHUSTER: Ich hoffe, dass jüdisches Leben als selbstverständlicher Bestandteil der deutschen Gesellschaft gesehen wird. So wie mein christlicher Freund am Sonntag in die Kirche geht, gehe ich am Schabbat in die Synagoge. Wenn uns das in Ansätzen gelingt, dann wäre ich schon ganz froh.

Das Gespräch führte Ulrike Bieritz, Leiterin der rbb-Redaktion „Gesellschaft & Kirche".

Dr. Josef Schuster ist Präsident des Zentralrats der Juden in Deutschland.
Foto: Zentralrat der Juden in Deutschland

Dr. Christian Stäblein ist Bischof der Evangelischen Kirche Berlin-Brandenburg-schlesische Oberlausitz.
Foto: Matthias Kauffmann/EKBO

kurz und knapp

Eine jüdische Stimme

Keine Chance dem Hass

Antisemitismus hatte und hat mörderische Folgen, und selbst seine „milderen" Varianten vergiften das Leben. Die religiös, rassisch oder politisch begründete Abwertung des Judentums fordert die jüdische Gemeinschaft zu allen Zeiten zu Antworten heraus. Manche Jüdinnen und Juden versuchten den Demütigungen zu entgehen, indem sie möglichst wenig als solche erkennbar sind und sich an die Umgebung assimilieren. Am anderen Ende des Spektrums finden sich jene, die diese Bemühungen als aussichtslos verwarfen und die Errichtung eines eigenen Gemeinwesens erstrebten, in dem Judenhass keine Chance mehr haben würde.

Jüdische Gegenwehr äußerte sich auch in vielfältigen Formen von Aufklärung, Apologetik und Entkräftung antisemitischer Anwürfe. Der Verunsicherung von außen wurde Stolz auf die eigene Kultur, Religion und Geschichte entgegengesetzt. Nur wenige ließen sich beeindrucken von christlichen Missionierungsversuchen, gleich ob sie als Zwang oder in vermeintlicher Liebe vorgetragen wurden.

Ulrike Offenberg

Eine christliche Stimme

Keine Chance dem Antisemitismus

„Der Antisemitismus hat ... seinen Sitz ... in einem bösen Herzen." Peter von der Osten-Sacken

Das vorangestellte Zitat eines der Großen im jüdisch-christlichen Dialog verweist darauf, dass es sich hier um eine theologisch begründete Reflexion zum Antisemitismus handelt. Es geht mithin nicht um die gesellschaftlich-politische Analyse des Antisemitismus, der in den letzten Jahren auch in Deutschland immer unverhohlener seine Fratze zeigt und Jüdinnen und Juden existenziell und damit die gesamte demokratische Kultur und Gesellschaft bedroht. Diesen Antisemitismus zu bekämpfen ist Aufgabe dieser Gesellschaft, und zwar nicht nur aus Verantwortung vor der Geschichte und aus Solidarität, sondern auch aus der Einsicht, dass da, wo er obsiegt, keine menschenwürdige Existenz mehr möglich ist.
Die anders fundierte Rede vom Antisemitismus unterscheidet sich nicht zuletzt dadurch, dass ihr die distanzierte abstrakte Redeform nur begrenzt möglich ist. Gewiss ist es durchführbar, den Antisemitismus als ein Phänomen der Kirchengeschichte zu beschreiben, das je unterschiedlich Theologie und Kirche beeinflusste, aber selbst in diesem Kontext kann nicht davon abgesehen werden, dass Sünde getan wird, es also Akteure der Sünde gibt. Wenn man vom Antisemitismus spricht, kann man von den Antisemiten nicht schweigen.
Ihre Haltung und Tun müssen als Sünde benannt werden, weil sie eine Verneinung der Anderen leben, biblisch gesprochen: sie hassen. Sie können sich einreden, ihr Hass wäre beschränkt auf bestimmte Menschen, aber der Antisemitismus ist eine Sünde, die den Menschen zur Gänze erfasst. Es gibt keine guten Antisemiten. Dann noch zu meinen, man könne an den einen wahren Gott glauben, ist nicht einsichtiger als das Reden Kains.

Rainer Kampling

→ Impulse für das Gespräch und Texte zum Vertiefen

Ist dir die jüdische Religion vertraut oder eher unbekannt? Hast du schon einmal antisemitische Äußerungen erlebt? Und widersprochen? Wie erklärst du es dir, dass Christinnen und Christen, die eine Religion der Liebe predigen, jüdische Menschen hassen und verfolgen konnten?

Biblischer Kontext: Sacharja 2,12; 1. Johannes 2,9–11

→ Wusstest du schon …

… dass es 1939 in Deutschland 2800 Synagogen gab, 2021 jedoch nur noch 134?

Am 9. Oktober 2019 attackierte ein Rechtsterrorist die verschlossene Holztür zum Gelände der Synagoge in Halle an der Saale und versuchte mit Sprengsätzen und Schusswaffen in die Synagoge zu gelangen. Die Tür hielt stand und wurde zum Symbol für das „Wunder und die Wunde von Halle", wie es später oft hieß. Der Attentäter erschoss in der Nähe der Synagoge zwei Menschen und verletzte zwei weitere Menschen mit Schüssen schwer. Er wurde zu lebenslanger Haft wegen Mordes und anderer Delikte verurteilt.
Die Tür wurde von einer Schülerin als Mahnmal gestaltet und steht im Innenhof der Synagoge.
Foto: Jüdische Gemeinde Halle

#beziehungsweise

Jüdisch und christlich
Näher als du denkst

Danksagung der Herausgeber

Kein Dialog ohne Gesprächspartner. Wir danken allen Rabbinerinnen und Rabbinern der Allgemeinen Rabbinerkonferenz (ARK) und der Orthodoxen Rabbinerkonferenz Deutschland (ORD), Pfarrerinnen und Pfarrern, Expert:innen aus Lehre, Wissenschaft und Gemeinde, die bereit waren, mit uns ins jüdisch-christliche Gespräch zu gehen. Dabei haben wir wunderbare Menschen, ihre Traditionen und ihren Glauben kennengelernt.

Hinter jedem Dialoginterview steht eine Moderatorin, ein Moderator. Sie führten kompetent und charmant die Interviews für „die Kirche" und moderierten die Gespräche per Zoom mit Publikum. Wir danken dafür: Ulrike Bieritz, Leiterin der Redaktion Gesellschaft und Religion beim Rundfunk Berlin-Brandenburg (rbb). Johanna Friese, Rundfunkpfarrerin der EKBO, Esther Hirsch, Kantorin in der Berliner Synagoge Sukkat Schalom und theologische Referentin im House of One, Anna Müller, Beraterin bei der Mobilen Beratung gegen Rechtsextremismus. Paula Nowak, Studienleiterin für Religionspädagogik im Amt für kirchliche Dienste (AKD), Volker Resing, Leiter des Ressorts Berliner Republik bei Cicero, Magazin für politische Kultur, zuvor Chefredakteur der Herder Korrespondenz, und Jörg Trotzki, Nachrichtenredakteur bei Radio Paradiso und freier Journalist.

Stellvertretend für alle Mitinitiator:innen und die Steuerungsgruppe der Kampagne danken wir Pfarrer Ulrich Kastner, der die zündende Idee für die Kampagne *#beziehungsweise* hatte, um dem Antisemitismus etwas entgegenzusetzen, miteinander zu lernen und Vorurteile abzubauen. Uwe Thomas Baumann von Ortszeit Mediale entwarf das markante Grafikdesign. Pfarrerin Marion Gardei, Pfarrer Dr. Andreas Goetze und Rabbiner Prof. Dr. Andreas Nachama unterstützten die Redaktion von „die Kirche" mit Rat und Tat bei der Reihe „Frag den Rabbi oder die Pfarrerin".

Die Kolleginnen und Kollegen des Medienhauses der EKBO warben engagiert auf allen Kanälen für die Kampagne. Nicht zuletzt danken wir für eine großzügige Förderung der Broschüre Dr. Christian Stäblein, Bischof der Evangelischen Kirche Berlin-Brandenburg-schlesische Oberlausitz (EKBO), dem Landeskirchlichen Pfarramt für interreligiösen Dialog, dem Berliner Missionswerk, der Öffentlichkeitsarbeit der EKBO, dem Erzbistum Berlin und der Allgemeinen Rabbinerkonferenz.

Adressen für den jüdisch-christlichen Dialog

Gesellschaften für Christlich-Jüdische Zusammenarbeit
Deutscher Koordinierungsrat e.V.
Otto-Weiß-Straße 2
61231 Bad Nauheim
Tel.: 0 60 32 / 91 11–0
Fax: 0 60 32 / 91 11 25
E-Mail: info@deutscher-koordinierungsrat.de
www.deutscher-koordinierungsrat.de

Gesellschaft für Christlich-Jüdische Zusammenarbeit in Berlin e.V.
Laubenheimer Straße 19
14197 Berlin
Tel.: 030 / 8216683
Fax: 030 / 82701961
E-Mail: sekretariat.gcjzberlin@t-online.de
E-Mail: gcjz.berlin@t-online.de
www.gcjz-berlin.de

Stiftung Neue Synagoge Berlin Centrum Judaicum
Oranienburger Straße 28–30
10117 Berlin
Tel.: 030 / 880 28 300
E-Mail: office@centrumjudaicum.de
https://centrumjudaicum.de

Institut Kirche und Judentum
Unter den Linden 6
10099 Berlin
Tel.: 030 / 20 93–91 828
E-Mail: mail@ikj-berlin.de
https://ikj-berlin.de/ikj.html

Arbeitsgemeinschaft Juden und Christen beim Deutschen Evangelischen Kirchentag
Dr. Christian Staffa
Antisemitismusbeauftragter der EKD
c/o Ev. Akademie zu Berlin
Charlottenstraße 53–54
10117 Berlin
E-Mail: info@ag-juden-christen.de
www.ag-juden-christen.de

Beauftragte für Erinnerungskultur, jüdisches Leben und für den Kampf gegen Antisemitismus (EKBO)
Pfarrerin Marion Gardei
Georgenkirchstraße 69
10249 Berlin
Tel.: 030 / 24344–422
E-Mail: m.gardei@ekbo.de
www.ekbo.de

Landeskirchlicher Pfarrer für den Interreligiösen Dialog der EKBO
Dr. Andreas Goetze
Georgenkirchstraße 69
10249 Berlin
Tel.: 030 / 24344–167
E-Mail: a.goetze@bmw.ekbo.de
https://berliner-missionswerk.de

Referentin für den Interreligiösen Dialog Erzbischöfliches Ordinariat Berlin
Angelica Hilsebein
Niederwallstraße 8–9
10117 Berlin
Tel.: 030 / 32684–324
E-Mail: angelica.hilsebein@erzbistumberlin.de
https://www.erzbistumberlin.de/glaube/interreligioeser-dialog/

**Beauftragter im Erzbistum Berlin
für den Dialog mit dem Judentum**
Monsignore Dr. Hansjörg Günther
Niederwallstraße 8–9
10117 Berlin
Tel.: 030 / 32684-0
E-Mail: info@erzbistumberlin.de
https://www.erzbistumberlin.de

Allgemeine Rabbinerkonferenz Deutschland (ARK)
Tucholskystraße 9
10117 Berlin
E-Mail: info@a-r-k.de
www.a-r-k.de

Orthodoxe Rabbinerkonferenz (ORD)
Roonstraße 50
50674 Köln
Tel.: 0221 / 92156020
E-Mail: info@ordonline.de
http://www.ordonline.de/

Zentralrat der Juden in Deutschland
Leo-Baeck-Haus
Postfach 04 02 07
10061 Berlin
Tel.: 030 / 28 44 56–0
E-Mail: info@zentralratderjuden.de
https://zentralratderjuden.de

Die Adressen geben eine Auswahl an. Bitte beachten Sie, dass sich Telefonnummern oder Webadressen ändern und Inhalte gelöscht werden können.

Hinweise auf weitere Materialien für Schule, Gemeinde und weitere Bildungskontexte zum Judentum sowie zum jüdischen Leben

Materialien des Zentralrates der Juden
Auf diesen Seiten werden vom Zentralrat der Juden, dem zentralen Dachverband der jüdischen Gemeinden in Deutschland, Informationen und Materialien zu jüdischem Leben, der jüdischen Kultur und den Festen im Jahres- und Lebenskreis angeboten. Wir empfehlen ausdrücklich, jüdische Stimmen in Bildungskontexten zum Judentum zu Wort kommen zu lassen, um so stellvertretend mit dem Judentum zu sprechen und nicht nur über das Judentum.
https://www.zentralratderjuden.de/judentum/
Kommentierte Materialsammlung zur Vermittlung des Judentums:
https://www.kmk-zentralratderjuden.de/

Auf der Seite der Orthodoxen Rabbinerkonferenz Deutschland (ORD) finden sich Beiträge zu den jüdischen Festtagen sowie zu Auslegungen zu den entsprechenden Texten aus der Tora. Außerdem zu Fragen wie beispielsweise: „Was ist koscher?"
http://www.ordonline.de/

„Meet a Jew"
Eine Möglichkeit, vor Ort mit einer jüdischen Gesprächspartnerin/einem jüdischen Gesprächspartner in den Austausch zu kommen:
https://www.meetajew.de/

„2021 Jüdisches Leben in Deutschland"
Im Webauftritt des Vereins zum Fest- und Gedenkjahr 2021 wird eine Sammlung an Themenseiten zum jüdischen Leben angeboten:
https://2021jlid.de/themenseiten-zu-juedischem-leben/

Die „mündliche Tora", der Talmud, ist nach jüdisch-rabbinischer Tradition der wesentliche Schlüssel zum Verständnis der Tora, der biblischen Bücher und der jüdischen Feste. Die wichtigsten Texte auf Deutsch:
https://www.talmud.de

Religionspädagogische Materialien
Auf den hier angeführten Seiten religionspädagogischer Einrichtungen findet sich eine große Bandbreite an Bausteinen und Entwürfen für den Religionsunterricht und die Bildungsarbeit

---

Alle Plakate und Materialien zur Kampagne #beziehungsweise: jüdisch und christlich – näher als du denkst
www.juedisch-beziehungsweise-christlich.de

Religionspädagogisches Portal der katholischen Kirche in Deutschland
(Suchbegriff „Judentum" eingeben)
www.rpp-katholisch.de

Erzbistum Köln
https://www.erzbistum-koeln.de/kultur_und_bildung/schulen/religionsunterricht/Impulse-zur-Zeit/

Online-Angebote 93

Religionspädagogisches Institut der Evangelischen Kirche in Hessen und Nassau (EKHN) und Evangelischer Kirche von Kurhessen-Waldeck (EKKW)
https://www.rpi-ekkw-ekhn.de
(Suchbegriff „Judentum")

Religionspädagogisches Zentrum Bayern
https://material.rpi-virtuell.de/
(Suchbegriff „Judentum")

„Im Dialog" – Evangelischer Arbeitskreis für das christlich-jüdische Gespräch in der Evangelischen Kirche Hessen und Nassau
(Ausstellungen, Unterrichtsmaterialien, Gottesdienstmaterialien)
http://www.imdialog.org/

Evangelisch-lutherische Landeskirche Hannovers, Religionspädagogisches Institut Loccum
Insbesondere „Loccumer Pelikan" Nr. 1/2021
(Suchbegriff „Judentum")
https://www.rpi-loccum.de

Institut für Religionspädagogik Freiburg
(Suchbegriff „Judentum")
https://shop.irp-freiburg.de/

Erklär-Filme und mehr zu den Religionen – auch zum Judentum
http://relithek.de/

Das jüdische Festjahr und die Geschichte der Juden (auch) kindgerecht dargestellt durch das Puppentheater „Bubales"
https://2021jlid.de/bubales-puppentheater/

Bitte beachten Sie, dass dies nur eine Auswahl ist und dass sich Webadressen ändern und Inhalte gelöscht werden können.

Weitere Materialhinweise im Web-Portal der ökumenischen Kampagne #beziehungsweise
https://www.juedisch-beziehungsweise-christlich.de/mitwirkende

Der WDR stellt zahlreiche kurze Podcasts und Filme zur Verfügung
(Suchbegriffe „Judentum" und „jüdisches Leben")
https://www1.wdr.de

Zur antisemitismuskritischen Bildungsarbeit findet sich bei MALMAD ein virtueller Methodenkoffer gegen Antisemitismus
https://www.malmad.de

Ausstellung mit 17 Roll-Up-Plakaten

Zur Kampagne wurde eine Ausstellung im handlichen Roll-Up-Format erstellt. Sie kann zum Beispiel im Rathaus, in einer Schule, in der Kirche oder im Gemeindehaus gezeigt werden. Die Ausstellung kann komplett oder in Teilen ausgeliehen werden.
Wende dich dazu an:
Dr. Andreas Goetze, Berliner Missionswerk
Georgenkirchstraße 69/70, 10249 Berlin
Tel.: 030 / 24344-167
E-Mail: a.goetze@bmw.ekbo.de

Autorinnen und Autoren

Dr. Jehoschua Ahrens
Gemeinderabbiner in Darmstadt und Vorstandsmitglied des Deutschen Koordinierungsrates der Gesellschaften für Christlich-Jüdische Zusammenarbeit (DKR)

Dr. Katrin Brockmöller
Geschäftsführende Direktorin, Katholisches Bibelwerk e.V. Stuttgart

Prof. Dr. Alexander Deeg
Universitätsprofessor für Praktische Theologie, Leiter Liturgiewissenschaftliches Institut der VELKD, Universität Leipzig

Prof. Dr. Irmtraud Fischer
Universitätsprofessorin am Institut für Alttestamentliche Bibelwissenschaft, Karl-Franzens-Universität Graz

Dr. Andreas Goetze
Landeskirchlicher Pfarrer für den Interreligiösen Dialog der EKBO

Prof. Dr. Margareta Gruber
Professorin für Neutestamentliche Exegese und Biblische Theologie, Dekanin der Katholisch-Theologischen Fakultät, Philosophisch-Theologische Hochschule Vallendar

Prof. Dr. Rainer Kampling
Universitätsprofessor für Biblische Theologie Neues Testament, Geschäftsführender Direktor, Institutsdirektor, Freie Universität Berlin

Dr. Heiner Koch
Erzbischof des Bistums Berlin

Pfarrer Dr. Christian Lehnert
Wissenschaftlicher Geschäftsführer, Liturgiewissenschaftliches Institut der VELKD, Universität Leipzig

Prof. em. Dr. Stephan Leimgruber
Emeritierter Professor für Religionspädagogik der Ludwig-Maximilians-Universität München

Prof. Dr. Clemens Leonhard
Seminardirektor am Seminar für Liturgiewissenschaft, Westfälische Wilhelms-Universität Münster

Prof. Dr. Andreas Nachama
Rabbiner, Vorsitzender der Allgemeinen Rabbinerkonferenz Deutschlands

Dr. Ulrike Offenberg
Rabbinerin in der Jüdischen Gemeinde Hameln

Dr. Christian Rutishauser SJ
Pater, Delegat für Schulen und Hochschulen der neuen Zentraleuropäischen Provinz, Provinzialat der Zentraleuropäischen Provinz der Jesuiten, München

Prof. Dr. Susanne Sandherr
Professorin für Theologie, Katholische Stiftungshochschule München

Dr. Christian Stäblein
Bischof der Evangelischen Kirche Berlin-Brandenburg-schlesische Oberlausitz (EKBO)

Dr. Christian Staffa
AG Juden und Christen beim Deutschen Evangelischen Kirchentag, Antisemitismus-Beauftragter der Evangelischen Kirche in Deutschland (EKD)

Sibylle Sterzik
Theologische Redakteurin der Evangelischen Wochenzeitung „die Kirche"

Prof. em. Dr. Marie-Theres Wacker
Zuletzt Seniorprofessorin an der Katholisch-Theologischen Fakultät, Westfälische Wilhelms-Universität Münster

Dr. Christiane Wüste
Referentin für biblische und liturgische Bildung, Haus Ohrbeck, Niedersachsen

Dr. Andreas Goetze
Landeskirchlicher Pfarrer für den Interreligiösen Dialog
Evangelische Kirche Berlin-Brandenburg-schlesische Oberlausitz (EKBO)
E-Mail: a.goetze@bmw.ekbo.de
Georgenkirchstr. 69/70
10249 Berlin

Dr. Katrin Großmann
Referat für Bildung, Kultur, Medien, Interreligiöser Dialog
Zentralkomitee der deutschen Katholiken, Berlin (bis Mai 2021)

Dr. Fabian Freiseis
Beauftragter für jüdisch-christlichen Dialog
Erzdiözese Freiburg
E-Mail: fabian.freiseis@ordinariat-freiburg.de
Schoferstraße 2
79098 Freiburg

Thomas Frings
Referent für den interreligiösen Dialog
Erzbistum Köln
E-Mail: thomas.frings@erzbistum-koeln.de
Marzellenstr. 32
50668 Köln

apl. Prof. Dr. Ursula Rudnick
Beauftragte für Kirche und Judentum im Haus kirchlicher Dienste
Evangelisch-lutherische Landeskirche Hannovers
E-Mail: rudnick@kirchliche-dienste.de
Archivstr. 3
30169 Hannover